Und es wurde Morgen

Georg Steins / Egbert Ballhorn

# Und es wurde Morgen

## Die biblischen Lesungen der Osternacht

Mit Beiträgen von
Heinz-Günter Bongartz
Paul Deselaers
Theodor Hausmann
Marianne Heimbach-Steins
Albert Schmidt
Klemens Teichert

Verlag Friedrich Pustet
Regensburg

Bibliografische Information der Deutschen Nationalbibliothek

Die Deutsche Nationalbibliothek verzeichnet diese Publikation
in der Deutschen Nationalbibliografie; detaillierte bibliografische Daten
sind im Internet über http://dnb.dnb.de abrufbar.

ISBN (Print) 978-3-7917-3144-5

Umschlaggestaltung: Martin Veicht, Regensburg
Umschlagmotiv: Ausschnitt aus einem Buntglasfenster
der St. Mungo's Cathedral, Glasgow; Stock Photo
Satz: Vollnhals Fotosatz, Neustadt a. d. Donau
Druck und Bindung: Friedrich Pustet, Regensburg
Printed in Germany 2020

eISBN 978-3-7917-6178-7 (epub)

Weitere Publikationen aus unserem Programm finden Sie auf
www.verlag-pustet.de
Informationen und Bestellungen unter verlag@pustet.de

# Inhalt

## „Deine uralten Wunder in unseren Tagen“

### Leben aus dem Osterglauben

# Die Osternacht – eine einzigartige Feier ... und viele Fragen

*Am Abend – Weinen*
*am Morgen aber – klingender Jubel*

In der Osternacht, einer großen gottesdienstlichen Nachtwache, einer Vigil, feiern auf der ganzen Erde Jahr für Jahr Christinnen und Christen diesen glücklichen Umschwung, den der 30. Psalm in äußerster Kürze beschreibt: von der Nacht zum Morgen, von der Klage zur Freude, vom Tod zum Leben.

Die Feier spricht alle Sinne an. Feuer und Licht, Wasser und Wort sind ihre wichtigsten Medien. In Gebeten, Lesungen, Liedern und Symbolhandlungen wird die Osterbotschaft vielfältig mit immer neuen Bildern umkreist.

Man könnte meinen, es gehe vorrangig um die Feier der wunderbaren Auferstehung des Gekreuzigten, um den Ostersieg Jesu Christi. Wer jedoch genau schaut und hört, erfährt, dass es vor allem um die Taufe geht. Von der Taufe ist in fast jedem Text die Rede, der Tauffeier oder Tauferneuerung ist sogar ein eigener Gottesdienstteil gewidmet.

In der römisch-katholischen Kirche, aber auch in vielen Kirchen der Reformation, die die Osternacht wiederentdeckt haben, hat diese Feier eine besondere, eine einmalige Form; dadurch unterscheidet sie sich von gewohnten Gottesdiensten, etwa der sonntäglichen Messfeier:

Nach einer kurzen Eröffnung am Osterfeuer folgt ein langer Lesungsteil mit sieben Lesungen aus dem Alten Testament. Sie erzählen von der Schöpfung, von Abraham und Isaak, von Israels Durchzug durch das Rote Meer und von den Visionen der Propheten.

Diese Texte aus dem Alten Testament sind für viele unverständlich oder sogar anstößig:

- Ein Gott, der von Abraham das Opfer des eigenen Sohnes fordert!?
- Ägypter, die sterben müssen, damit Israel in die Freiheit ziehen kann!?
- Warum werden gerade diese Texte der Bibel ausgewählt?
- Warum kommt das Alte und nicht das Neue Testament so ausführlich zu Wort?

Häufig sucht man einen Ausweg, indem man die Zahl der Lesungen kürzt. Das ist jedoch keine Lösung des Problems. Die biblischen Lesungen, vor allem die auf den ersten Blick schwierigen aus dem Alten Testament, sind der Weg zum Verständnis von Ostern. Erst im Zusammenspiel von Altem und Neuem Testament wird deutlich, was die Kirche an Ostern feiert.

Der Schlüssel zur Feier der Osternacht ist ihre Tauftheologie. Hier wird das Geheimnis von Ostern zugänglich. Mit der Taufe kommt Ostern in unser Leben. Ostern ist keine ferne Erfahrung – Ostern ist lebensbestimmende Wirklichkeit!

Alle sieben alttestamentlichen und ebenso die neutestamentlichen Lesungen werden in diesem Buch erschlossen:

- durch eine *Arbeitsübersetzung*, die nahe am hebräischen oder griechischen Originaltext bleibt und so hilft, die vertrauten Texte neu zu hören – gewissermaßen ein fremder „Sound", der aufhorchen lässt und zu neuer Aufmerksamkeit führt
- und durch *Auslegungen*, die thematische Schwerpunkte des Textes herausarbeiten, die Verständnisschwierigkeiten aufgreifen und die österliche Theologie der Texte erhellen.

Dieses Buch bietet noch mehr:
Es ist ein *bibeltheologisches und liturgisches Lesebuch* für alle,

- die die Osterbotschaft, das Zentrum des christlichen Glaubens, tiefer verstehen wollen
- die Wege zu einem christlichen Verständnis des Alten Testaments suchen.

Es ist auch ein *Arbeitsbuch mit Materialien für Einzelne und für Gruppen,*

- die als liturgisch Verantwortliche die Osternacht gestalten
- die Impulse für die Vorbereitung der Gemeinde auf das Osterfest suchen
- die in Glaubensgesprächen und in der Katechese zum Zentrum des christlichen Glaubens finden wollen
- die Anregungen für Predigten in der Osterzeit suchen.

Das österliche Geheimnis dieser „Nacht der Nächte" – von den biblischen Lesungen her erschlossen!

# „Dies ist die Nacht!“

## Größe und Herausforderung der Osternachtfeier

## Licht und Dunkel

Biblische Symbole in der Osternacht

*Egbert Ballhorn*

Die Osternacht ist der Höhepunkt des Kirchenjahres. Kein Gottesdienst des Jahres ist so dicht mit Wort- und Zeichenhandlungen gefüllt. Keine andere Liturgie ist so durchwoben von biblischen Texten und Symbolen. Die Ursymbole des menschlichen Lebens, Licht und Dunkel, Feuer und Wasser, prägen diese Nacht, und zugleich stehen sie für die eine menschliche Grundpolarität schlechthin: ausgespannt zu sein zwischen Tod und Leben. Daher kann das Mitfeiern der Osternacht zu einer existenziellen Grunderfahrung werden, in der der einzelne Gläubige sich mit seinen Lebenserfahrungen in die Wirklichkeit Gottes und seiner Kirche eingeborgen erfährt.

Das umgekehrte Erleben kann jedoch genauso der Fall sein. Gerade weil dieser Gottesdienst so sehr von der gewohnten Struktur der sonntäglichen Eucharistiefeier abweicht und mit Symbolen so dicht gesättigt ist, fehlt manchmal den Mitfeiernden der rote Faden, der die einzelnen Elemente zu einem Ganzen werden lässt. Die Symbolik von Licht und Finsternis bietet sich als *eine* Möglichkeit an, die Einheit der Osternachtfeier verstehbar und erlebbar zu machen.

## Osterlicht und Osterlob

Die Osternachtfeier besteht aus vier Teilen, von denen jeder schon für sich und auf seine Weise das ganze Festgeheimnis von Tod und Auferweckung Christi feiert:

- Lichtfeier
- Wortgottesdienst
- Tauffeier
- Eucharistiefeier

Zur ersten Feier, der *Lichtfeier,* versammelt die Gemeinde sich gewissermaßen dort, wo sie sich ohne Christus befindet: vor der Kirche, in der Dunkelheit. Und gleich im ersten Gebet, der Segnung des Osterfeuers, wird das große Thema der Nacht benannt: das Licht der göttlichen Herrlichkeit, das in Christus allen Gläubigen geschenkt ist. Damit ist deutlich, dass es in der Feier der Osternacht nicht allein um die Feier eines „Damals", sondern um das Heute geht, das von dem einen-einmaligen Heilsereignis geprägt ist. Und ebenso geht es nicht um die Feier Christi allein, sondern darum, dass dieses Licht Christi allen leuchtet, die sich zum Glauben an ihn bekennen. Diesen Bekenntnissatz setzt die Liturgie bereits in ein Ereignis um. Hinter der *Osterkerze* her ziehen alle Gläubigen in die Kirche ein, und ein jeder erhält das Licht der Osterkerze, so dass der dunkle Kirchenraum festlich erleuchtet wird. Und nirgends wird wie an diesem Punkt sinnenhaft erfahrbar, dass die vielen einzelnen Lichter, die die Gläubigen hüten, von dem einen großen Licht stammen, das Christus selbst ist. Die Osterkerze des Einzelnen ist zugleich seine Taufkerze. Dieses österliche Christuslicht ist in seinem Zeichencharakter und seiner Ausdrucksstärke nicht mehr steigerbar. Deshalb lässt es der Symbolcharakter dieses Lichtes kaum zu, dass zu irgendeinem Zeitpunkt des Gottesdienstes zusätzlich elektrisches Licht eingeschaltet wird. Das Licht der Osterkerze und der vielen Kerzen im Raum ist das Licht Christi, und dazu kann es kein weiteres, kein stärkeres Licht geben. Zumindest sollte also die elektrische Kirchenbeleuchtung nicht zu einer Form der Steigerung des Effektes eingesetzt werden.

Wenn sich die Gemeinde in der Kirche um die Osterkerze versammelt hat, singt der Diakon das große Osterlob, das *Exsultet*. Im Schein des einen Christuslichts wird die gesamte Heilsgeschichte Gottes mit seinem Volk Israel und mit der Kirche gedeutet. Wie schon am Osterfeuer wird auch dieses Damals zu einem lebendigen Heute. Daher heißt es immer wieder: „Dies ist die Nacht …“ Dies ist die einmalige Ausdeutung von Ostern, die so augenfällig wird: Beim Handeln Gottes an den Menschen geht es nicht um eine lange Kette von vergangenen Ereignissen, sondern immer wieder um das eine Ereignis des Heils. Gott hat seinen Sohn nicht im Tod gelassen, sondern ihn auferweckt. Durch ihn wird die Menschheit aus dem Dunkel des Todes in das Leben geholt. Das führt das Licht der Osterkerze vor Augen. Daher kann die Kirche auch in den vielen Ereignissen der Heilsgeschichte das eine Osterereignis wiedererkennen. Und weil es in der Gestalt hymnischen Gotteslobs die Sinnspur in die Osternacht legt, ist das Exsultet *der* Deutetext dieser Nacht schlechthin, ein regelrechtes Hochgebet, wie es auch die strukturellen Elemente deutlich machen. Das Exsultet ist nichts anderes als „Eucharistie“ – Danksagung.

## Nächtliche Vigil im Osterlicht

Auf das Osterlob folgt der *Wortgottesdienst*, der ebenfalls seine ganz eigene Prägung hat. Er besteht aus einer Reihe von neun biblischen Lesungen. Auf jede *alttestamentliche Lesung* folgen ein *Psalm* sowie eine *Oration*. Schon diese Dreierstruktur macht deutlich, dass der Wortgottesdienst nicht allein eine „Durchgangsstation“ zur Eucharistiefeier der Osternacht ist, sondern großes Eigengewicht hat. Er ist eine Vigil, Nachtwache. Die Bezeichnung „Wortgottesdienst“ ist also eigentlich irreführend, weil sie die besondere Gestalt nicht deutlich genug ausdrückt.

Bereits die erste Lesung von der Erschaffung der Welt setzt mit dem Thema *Schöpfung/Anfang* eine deutliche Zäsur. Zugleich aber wird der Bogen thematisch zurückgeschlagen zur Lichtfeier. Das erste Schöpfungswort Gottes in Chaos und Finsternis hinein lautet: „Es werde Licht." Sodann entfaltet die Lesung in der feierlichen Rhythmisierung des Siebentagewerkes die Struktur der Schöpfung als von Gott gewirkter Lebensraum. Den Abschluss bildet der siebte Tag, die Ruhe Gottes, der königliche Sabbat.

Dieser Schöpfungstext ist kein Rückblick auf den Anbeginn der Schöpfung, sondern vielmehr ein Blick auf die Welt, wie sie von Gott her als Haus des Lebens eingerichtet ist, und ein Blick auf die Vollendung der Welt. Deshalb ist diese Lesung, wie alle anderen Lesungen der Osternacht, nicht einfach ein Vorbereitungstext auf das Osterevangelium, sondern auf eigene Weise selbst schon Osterevangelium: Zeugnistext von Gott, der inmitten von Todesdunkel Leben schafft.

Auf die Lesung folgt Psalm 104, der auf eigene Weise das Schöpfungsthema entfaltet und ihm meditierend nachgeht. Den Abschluss bildet die Oration, die von der Schöpfung auf die Vollendung der Schöpfung, die Erlösung, schaut.

Schon anhand dieser Struktur zeigt sich, dass die mitunter geübte Praxis, den Wortgottesdienst zeitlich vor die Lichtfeier zu ziehen, um ihn „mit den eindrucksvollen Texten des Alten Testaments in der dunklen Kirche" (wie es mancherorts heißt) abzuhalten, dem Charakter der Osternacht und der Aussage der Lesungen vollkommen widerspricht. Die Worte „Gott sprach: Es werde Licht. Und es wurde Licht" können einfach nicht in eine dunkle Kirche hinein verkündet werden! *Jeder Text der Osternacht ist ein echter Ostertext,* so dass eine Dramatisierung der Liturgie im Sinne einer vermeintlichen Stufung von Dunkelheit und Licht dem Charakter der Feier nicht gerecht wird. Es gibt nicht jenen einen „Umschlagspunkt" in der heiligen Nacht, ab dem erst von der Auferstehung Christi gesprochen werden kann.

Im Grunde entspricht die liturgische Struktur der Kar- und Osterfeier genau dem biblischen Zeugnis, das sowohl Leiden und Tod Jesu Christi als auch die Begegnung mit dem Auferstandenen schildert, aber nicht den Vorgang der Auferweckung Christi selbst darstellt. Die Jüngerinnen und Jünger kommen zum Grab und erfahren, dass Christus am Ostermorgen bereits auferstanden *ist.* Für die Bibel mit ihren Osterzeugnissen ist klar: „Der Auferstandene lässt sich als der Lebendige von den Jüngern erfahren." Gefeiert und geglaubt wird das, was schon längst Tatsache *ist.* Genau das ist aber auch das Thema der Liturgie.

Und in diesem Sinne ist jeder Teil der Osternachtfeier für sich und auf seine Weise Feier der Auferweckung Christi und des Übergangs vom Tod zum Leben. Dem trägt gleich zu Beginn schon die Lichtfeier Rechnung, indem es beim Entzünden der Osterkerze heißt: „Christus ist glorreich auferstanden vom Tod."

So sind auch die Lesungen aus dem Alten Testament Zeugnis von dem einen Heilshandeln Gottes. Denn jedes Handeln Gottes bezieht sich auf die eine Nacht: *diese* Nacht, in der die Kirche die Auferstehung Christi feiert, in der Gott der Finsternis des Todes und der Sünde die Macht nimmt und in seinem Sohn der Menschheit das Leben schenkt.

Die weiteren Lesungen führen das Geheimnis der Fest-Nacht fort. Die Lesung von der Erprobung Abrahams spricht nicht allein von dem aus dem Tod geretteten Sohn, sondern auch vom Plan Gottes für Abraham, ihm so zahlreiche Nachkommen zu schenken „wie die Sterne am Himmel und den Sand am Meer". Hierauf folgt wieder ein meditierender Psalm sowie ein Gebet, das von der *Taufe* spricht und sie in den Horizont der Einlösung dieser göttlichen Verheißung stellt. Gen 22 stellt also in doppelter Hinsicht ein österliches Evangelium dar: Indem der Sohn aus dem Tod gerettet wird, wird den vielen Nachkommen das Leben ermöglicht.

Jede Lesung mit ihrem Dreischritt von Verkündigung des Gotteswortes, meditativem Bedenken und Aktualisierung auf die Ostern feiernde Kirche in Gestalt einer Oration stellt im Grunde genommen einen kleinen, in sich geschlossenen Gottesdienst dar. Die Lesungen, deren jede auf je eigene Weise das Geheimnis der Osternacht bedenkt, deutet und preist, bilden also eine Reihe von kleinen Gottesdiensten, die sich zu einer nächtlichen Vigilfeier untrennbar zusammenfügen. Nur in der Zusammenschau dieser vielen Perspektiven ist die Kirche in der Lage, dem Geheimnis dieser Nacht näher zu kommen. Hier bedeutet jeder Verzicht auf eine der Lesungen den Verlust einer Sinndimension.

Den Kern der Osterverkündigung bildet die *Exodus-Lesung*: Gott errettet sein Volk aus der Todesgefahr. Mitten im nächtlichen Chaos der Meereswasser und der Ägypterflut lässt Gott einen Raum des Lebens für sein Volk entstehen. *Dieser Text korrespondiert mit allen Festgeheimnissen der Osternacht.* Osterkerze und Feuersäule stehen für die Anwesenheit Gottes/Jesu Christi in der Nacht der tödlichen Gefährdung des Lebens und für das Prinzip göttlichen Lebens. Meerwasser und Taufwasser gehören zusammen, denn sie vernichten die Macht des Todes; und das Volk Israel ist ebenso das gerettete und neu geschaffene Volk wie das Volk der Gläubigen, die Kirche. Vergangenheit und Gegenwart gehören zusammen und berühren einander. Entsprechend heißt es in der Oration: „Gott, deine uralten Wunder leuchten noch in unseren Tagen …"

Es ist dasselbe Gotteslicht, das die Schöpfung erleuchtet, das die Israeliten auf ihrem Weg durch die Todeswasser führt und das den Gläubigen in der Osterkerze und dem Morgenlicht der Osterevangelien entgegenleuchtet. In allen diesen Ereignissen und Texten wirkt Gott – in liturgischer Lesart – durch seinen Sohn sein Heil zugunsten der erlösungsbedürftigen Menschheit: in Israel und in der Kirche.

Die *übrigen Lesungen* spinnen den theologischen Faden weiter. In Jes 55 ist vom wirksamen Wort Gottes die Rede (vgl. Gen 1 und Ex 14), aber auch vom Bund Gottes mit den Völkern der Erde, wie er schon in Jes 54 zum Ausdruck kam. Während die Baruch-Lesung zur österlichen Lichtthematik zurückkehrt, spricht Ez 36 vom lebenspendenden Wasser. In allen biblischen Lesungen verdichten sich die *Grundsymbole* der Menschheit: Licht und Finsternis, Tag und Nacht, Wasser des Todes und Wasser des Lebens. Sie alle stehen für die Rettung aus dem Tod. Diese Grundsymbole werden aber nicht einfach allgemein erwähnt, sondern anhand der Haltepunkte der Heilsgeschichte zusammengeführt, die Gott an Israel und den Völkern gewirkt hat und wirken wird. Und so wird aus jedem Ereignis der Vergangenheit ein seliges Heute. Für die Aktualität des Heilshandelns Gottes ist die Taufe der Schlüssel, auf den sich alle Orationen der Lesungen beziehen.

Nach diesen Lesungen folgen das Gloria, die Epistel sowie das Osterevangelium. Diese Struktur ist aus sich heraus leider missverständlich. Das *Gloria* setzt eine sehr deutliche Zäsur, und die *Römerbrief-Lesung* besitzt keine eigene Oration und setzt sich so von den vorhergehenden Lesungen ab. Hier wird ein Bruch spürbar, was so wirken muss, als ob ab dem Gloria der Zeitpunkt wäre, an dem erst die Auferstehung Christi gefeiert würde, und alle anderen Lesungen nur vorangehende Vorbereitungstexte gewesen seien. Dieses Missverständnis entsteht dadurch, dass die Liturgiereform die Wort-Gottes-Feier der Ostervigil mit ihren alttestamentlichen Lesungen übergangslos vor den Wortgottesdienst der Eucharistiefeier gesetzt hat, der eben mit der Epistel beginnt. Das Gloria markiert also schlicht den Beginn des „normalen“ Wortgottesdienstes der Eucharistiefeier, bewirkt aber ungewollt eine Dramatisierung, die dem Eigengewicht der je in sich geschlossenen Einzelfeiern der Osternacht nicht gerecht wird.

## Todeswasser – Lebenswasser: Die Taufsymbolik der Osternacht

An den Wortgottesdienst mit seiner expliziten Verkündigung des Osterevangeliums schließt sich die *Tauffeier* an; und dies hat höchste Bedeutung für die Feier der Osternacht. Was Gott als Heil an seinem Volk Israel gewirkt hat und was sich in der Auferstehung Christi ereignet hat, das vollzieht sich existenziell an jedem Gläubigen in der Taufe. Auch auf diese Weise wird aus dem Damals ein Heute, in das alle Gläubigen einbezogen sind. So gehört zur Tauffeier auch die Tauferneuerung hinzu.

Dabei ist die Tauffeier nicht eine geschlossene Einheit innerhalb der Osternachtfeier, sondern auf vielfältige Weise thematisch vernetzt. Das Motiv des Wassers spielt in vielen Lesungen eine entscheidende Rolle, so dass man es durch den gesamten Wortgottesdienst verfolgen kann.

Die *erste Lesung, Gen 1,* beginnt mit Chaos, Dunkel und Urflut. Hier taucht das Wasser zu Anfang als lebensfeindliches Element auf. Das schöpferische Handeln Gottes besteht darin, dass er das Himmelsgewölbe entstehen lässt und so dem gefährlichen Wasser eine Grenze setzt, so dass das Trockene sichtbar werden kann. Damit erst kann Lebensraum entstehen. Dann aber verbannt Gott nicht das Wasser aus dem Lebensraum, sondern gibt ihm zugleich mit der Grenze die Aufgabe, vom Todeswasser zum Lebenswasser zu werden. Als „Meer" hat es seinen guten Ort in der Schöpfung und wird selbst zum Lebensraum. Wenn man mit diesen Leseerfahrungen aus dem ersten Schöpfungstext der Bibel die *Lesung vom Exodus,* vom Durchzug Israels durch das Schilfmeer, anschaut, kann man erstaunliche Entdeckungen machen. Denn dieselbe Geschichte vom Todeswasser und vom Lebenswasser findet man dort wieder. Wenn Israel, von Ägypten gejagt, an den Rand des Schilfmeeres kommt, dann hat es hinter sich die Todesgefahr der Feinde und vor sich die Todesgefahr des Wassers, dann steht es zwischen Tod und Tod. Und was tut Gott? Die Wasser treten zur Seite. Gott schafft mitten im Tod einen Lebensraum; es heißt wörtlich: „Er machte das Meer zu trockenem Land" (Ex 14,21) – die gleiche Formulierung wie in der Schöpfungsgeschichte. Mit diesem Blick verändert sich die gesamte Exodus-Lesung. Nun ist ein anderer Schwerpunkt gesetzt, und es geht nicht nur um eine Rettungs-, sondern geradezu um eine Schöpfungserzählung: Mitten im Tod erschafft Gott neues Leben. Plötzlich haben beide Texte etwas miteinander zu tun. Auch die *Propheten* sprechen vom Wasser: Jes 55 lädt alle Durstigen zum Wasser des Lebens, und in Ez 36 sprengt Gott Wasser über sein unreines Volk, und sie werden rein und erhalten ein lebendiges Herz, ein Herz von Fleisch.

Auch die den Lesungen zugeordneten *Antwortpsalmen* lassen das Motiv von Todes- und Lebenswasser vielfältig aufklingen. So heißt es beispielsweise: „Ich will dich rühmen, Herr, denn du hast mich aus der Tiefe gezogen" (Ps 30,2), oder Psalm 42 spricht: „Wie der Hirsch lechzt nach frischem Wasser, so lechzt meine Seele, Gott, nach dir."

Selbst dabei bleibt die Osternacht nicht stehen. Ein weiterer sehr prominenter Text ist die neutestamentliche *Lesung aus dem Römerbrief.* Darin erinnert Paulus die Gläubigen: „Wisst ihr nicht, dass wir alle, die wir auf Christus Jesus getauft wurden, auf seinen Tod getauft worden sind? Wir wurden mit ihm begraben durch die Taufe auf den Tod; und wie Christus durch die Herrlichkeit des Vaters von den Toten auferweckt wurde, so sollen auch wir als neue Menschen leben. Wenn wir nämlich ihm gleich geworden sind in seinem Tod, dann werden wir mit ihm auch in seiner Auferstehung vereinigt sein" (Röm 6,3–5). Paulus spinnt den Faden fort, den die beiden bisher angesprochenen Lesungen begonnen hatten. Das Wasser steht für die Gefährdung des Menschen durch den Tod. Christus ist jedoch in den Tod gegangen und von den Toten auferweckt worden. Getauft zu werden bedeutet daher, mit Christus identifiziert zu werden, also auch symbolisch mit ihm in seinen Tod einzutauchen. Aber wie Christus von den Toten auferweckt wurde, so werden auch wir zu neuen Menschen und werden auferweckt werden.

Wenn man so die Texte der Osternacht liest, dann enthüllt sich ihr *innerer Zusammenhang.* Und dann geht es in ihnen nicht allein um ein vergangenes Damals, sondern dann zeigt sich darin das Geheimnis des eigenen Lebens, der eigenen Todesbedrohtheit und der eigenen Rettung durch die Gemeinschaft mit Christus. *Die ganze Liturgie der Osternacht ist keine reine Erinnerung an die Auferweckung Christi, sondern eine große Feier der Taufe und des Taufgedächtnisses.* In der Feier der Taufe wird das Geheimnis von Ostern auf den einzelnen Gläubigen angewandt. Diese Dimension ist von Anfang an in der Feier enthalten; besonders deutlich wird sie bereits in den Orationen nach den einzelnen Lesungen, die alle auf die Taufe als Beginn des neuen Lebens ausgerichtet sind. In ihnen geht es nicht allgemein um die Feier der Osternacht, sondern immer um das Sakrament der Taufe. Auch andere Texte nehmen ausdrücklich Bezug auf die Taufe. So spricht bereits das *Exsultet* davon, dass in „dieser Nacht" Menschen, die an Christus glauben, in die heilige Kirche eingefügt werden. *Alle* Rettungserfahrungen, von denen das große Osterlob spricht, sind hintergründige Bezüge auf das Geschehen der Taufe. In der Alten Kirche wird die Taufe als „illuminatio", als Erleuchtung verstanden: Die Osterkerze symbolisiert Christus und zugleich die Erleuchtung der Glaubenden.

Natürlich nimmt auch das *Lob- und Segensgebet über das Taufwasser* eine Vielzahl biblischer Dimensionen des Wassers auf. Es spricht von Schöpfung, der Sintflut, dem Roten Meer, dem Wasser des Jordan bei der Taufe Christi und vom Wasser, das bei seinem Tod aus der Seite Christi floss. Das feierliche Gebet bindet die vielen einzelnen Heilsereignisse in dem einen Symbol des Wassers zusammen. Auf diese Weise wird das konkrete Taufwasser für die gottesdienstliche Feier geradezu mit den biblischen Wassererzählungen „imprägniert". Die Liturgie der Kirche nimmt so die große Bewegung auf, die die Bibel vollzieht und die alle Menschen in den großen Heilszusammenhang hereinholen will. Die Taufe ist das Tor, durch das die Menschen zu allen Zeiten in das durch die Bibel bezeugte Heilsangebot Gottes einsteigen können.

Bei der Liturgiereform wäre es vom Zeichencharakter her sinnvoller gewesen, die Tauffeier unmittelbar an den Lesegottesdienst der Vigil anzuschließen und auf sie Wortgottesdienst und Eucharistiefeier folgen zu lassen, wie es Tradition der Kirche von den ältesten erhaltenen Zeugnissen römischer Liturgie bis zur jüngsten Liturgiereform war. Damit wäre auch das Gefälle zwischen der Vigilfeier mit ihren alttestamentlichen Lesungen und dem Wortgottesdienst mit Epistel und Evangelium und der missverständlichen Dramaturgisierung beider selbständiger Gottesdienstteile nicht entstanden. Hier wäre also eine Rückkehr zu einer älteren Gottesdienstgestalt sehr zu wünschen.

## Lebensbrot

Die Eucharistiefeier unterscheidet sich in ihrer Feiergestalt nicht von anderen Eucharistiefeiern des Jahres. Aber in dieser Nacht wird den Gläubigen besonders erfahrbar, was es bedeutet, den auferstandenen Herrn in Gestalt des eucharistischen Brotes in der Mitte gegenwärtig zu erfahren und in der *Feier der Eucharistie* seinen Tod und seine Auferstehung zu feiern – bis er kommt in Herrlichkeit. In wohl keinem Gottesdienst des Jahres wird so deutlich wie in dieser Nacht erlebbar, dass die Feier der Eucharistie *Gedächtnis des Tuns Christi und zugleich Sehnsucht und Vorgriff auf die Vollendung der Welt* ist. Auch das Exsultet sprach an seinem Ende vom Erscheinen jenes wahren Morgensterns, der Christus selbst ist. Zugleich ist darin die innere Nähe zur Pessachfeier Israels zu sehen. Schon für Israel ist das ungesäuerte Brot immerwährendes Zeichen des rettenden Gottes, der Leben und Zukunft schenkt.

## In jedem Teil – das Ganze

Diese wunderbare Struktur, dass jeder gottesdienstliche Teil der Osternachtfeier in sich das ganze Geheimnis von Tod und Leben, von Sterben und Auferstehung Christi umschließt und auf je eigene Weise feiert, gilt nicht nur für die Osternacht allein, sondern für alle Tage des österlichen Triduums, des großen österlichen Dreitags.

Aber schon am *Palmsonntag* stellt die Feier des Einzugs Christi in Jerusalem nicht allein ein Gedenken an das Ereignis zu Beginn der Passion dar, sondern ist zugleich (mit ihrem Zitat aus Psalm 118 als *dem* Pessach- und Osterpsalm) eine Vorwegnahme des Osterjubels und der eschatologischen Vollendung der Welt. Der Palmsonntag trägt daher im wortwörtlichen Sinn adventlichen Charakter: Der Erlöser kommt zu seinem Volk. Dass er das Ganze von Leiden und triumphalem Sieg beinhaltet, zeigt auch die Verkündigung der ganzen Passion an diesem Sonntag, die ja bei einem historisierenden „Nachspielen“ der Ereignisse hier am falschen Platz wäre.

Dass der *Gründonnerstag* den Ereignissen Tod und Leben gewidmet ist, muss angesichts der zentralen Festgeheimnisse „Pessach“ und „Abendmahl/Eucharistie“ nicht eigens betont werden.

Und ebenso ist der *Karfreitag* nicht nur Tag des Gedenkens des Leidens und Sterbens Christi, sondern zugleich Feier des Sieges. Das kommt zum einen in der Johannespassion zum Ausdruck, in der ja der Tod Jesu als seine herrscherliche Inthronisation dargestellt wird. Das äußert sich auch im Gesang vor dem Evangelium, dem hermeneutischen Dreh- und Angelpunkt der Liturgie: „Christus wurde für uns gehorsam bis zum Tod, bis zum Tod am Kreuz. Darum hat ihn Gott erhöht und ihm den Namen verliehen, der über alle Namen ist“ (Phil 2,8–9). Äußerste Erniedrigung und Erhöhung fallen zusammen. Deshalb wird auch im Gottesdienst das *Kreuz* nicht als Marterwerkzeug, sondern als Siegeszeichen von allen Gläubigen verehrt.

Übrigens trägt bereits die karfreitägliche *Lesung vom Gottesknecht* (Jes 52–53) einen Anklang an die österliche Lichtsymbolik: „Nachdem er so vieles ertrug, erblickt er das Licht“ (Jes 53,11). Dieses Licht ist nichts anderes als das österliche Licht. Denn die Frauen kommen in der Frühe des Tages zum Grab, „als eben die Sonne aufging“ (Mk 16,2); noch dazu ist es der „erste Tag der Woche“, also der erste Schöpfungstag, womit der Bogen wieder zum Anfang, dem ersten Schöpfungstext Gen 1, geschlagen wird. Der neue Anfang der Welt ohne Tod, ein Morgen, der keinen Abend mehr kennt.

# Frohbotschaft von Anfang an

Die Schlüsselrolle der alttestamentlichen Lesungen

*Georg Steins*

## Das liturgische Angebot als Überforderung

Die Liturgie der Osternacht ist ein großes Geschenk. Sie fordert aber auch alle Beteiligten heraus – die liturgisch Verantwortlichen ebenso wie die Mitfeiernden. Es geht um viel, um die Wahrheit des biblischen Gottesglaubens. Und es geht um den Sinn unseres Lebens im Schatten von Sterben und Tod. Gibt es größere Themen? Dass die Liturgie in dieser Situation alle ihre Möglichkeiten „ausspielt", ist nur zu verständlich.

Aber viele haben den Eindruck, dass in der Liturgie der Osternacht ein wenig zu viel des Guten geboten wird. In Zeiten nachlassender Gottesdienstpraxis und schwindender Vertrautheit mit den liturgischen Formen wird dieses Problem noch stärker empfunden. Die angemessene Antwort kann nur eine Vertiefung sein, sowohl in der Vorbereitung als auch im Vollzug der Feier. Dieses Buch gibt dazu viele Anregungen.

Zuvor sollen aber einige problematische „Auswege" aus den angedeuteten Schwierigkeiten bedacht werden. Die verbreitete Praxis der *Umstellung von Teilen der Osternachtfeier* ist schon angesprochen worden: Mancherorts beginnt man die Osternacht in der noch dunklen Kirche mit den Lesungen aus dem Alten Testament; dann zieht man zur Lichtfeier ins Freie. Nach der Rückkehr in die Kirche folgen das große Loblied auf die Osterkerze, die neutestamentliche Lesung und das Osterevangelium. Für die Abkehr von der vorgesehenen Reihenfolge der Osternachtliturgie, die mit der Lichtfeier beginnt und erst dann den langen Wortgottesdienst folgen lässt, nannte eine Arbeitshilfe folgenden Grund: Nach der ergreifenden Lichtfeier komme es immer zu einem „liturgischen Zusammenbruch", wenn man noch einmal ganz „von vorne", bei der Schöpfungsgeschichte, beginnen müsse. Die alttestamentlichen Lesungstexte seien vielmehr eine Hinführung zur Lichtfeier. Es wird sich zeigen, dass dies ein schwerwiegendes Missverständnis ist.

## Einbußen durch Kürzungen

Auch dort, wo man sich scheut, so massiv in die vorgesehene Ordnung der Osternachtfeier einzugreifen, nimmt man oft und gerne Änderungen vor, die den Charakter der Feier grundlegend verändern: Ich meine die sehr verbreitete Praxis der Textkürzungen. Dieses „Gestaltungsmittel" betrifft sowohl die *Zahl der alttestamentlichen Lesungen* als auch den Rückgriff auf die vom Lektionar dargebotenen *Kurzfassungen der Lesungstexte.*

Zwar ist die Möglichkeit vorgesehen, die Zahl der alttestamentlichen Lesungen bis auf drei zu verringern. Die Struktur der Feier ändert sich jedoch erheblich, wenn der Wortgottesdienst der Osternacht sich schon quantitativ nicht wesentlich von einer gewöhnlichen Sonntagsmesse unterscheidet. Darüber hinaus gilt auch hier: Wo nichts Besonderes erlebt wird, kann auch nichts Prägendes erfahren werden.

Die vorgeschlagenen *Kurztexte* lassen jeden, der auch nur ein geringes literarisches und theologisches Gespür besitzt, regelrecht verzweifeln. In Gen 1 geht der Blick auf die ganze Welt – um deren Rettung es doch geht – verloren, wenn der Text von den Anfangsversen gleich zur Erzählung der Erschaffung des Menschen springt. Das Urmotiv von Finsternis und Licht, mit dem die Bibel „aufmacht" und das doch gerade am Osterfeuer so eindrucksvoll inszeniert wurde, hat in der Kurzfassung keinen Platz. Das göttliche Licht darf nicht leuchten. Und so geht es weiter: Aus der pastoral und theologisch ohnehin schon schwierigen Geschichte vom Opfer Abrahams (vgl. Gen 22) wird eine Art „Kurzkrimi", wenn der Kurzfassung zufolge Abraham sofort nach dem Opferbefehl am Ort des Opfers erscheint. Hier fehlt sowohl das Wegmotiv als auch der Schlüsselvers Gen 22,8, in dem Abraham sein Gottvertrauen äußert und den Ausgang der Sache Gott anheimstellt.

## Bibeltheologische Grundprobleme

Das Problem liegt tiefer: In den Änderungen im Aufbau der Osternachtliturgie wie auch in der üblichen Kürzungspraxis kommt eine *große Unsicherheit über die Stellung und Bedeutung der zahlreichen alttestamentlichen Lesungen* zum Ausdruck.

Bereiten die Texte aus dem Alten Testament die Botschaft von der Auferstehung Jesu nur vor? Denkt die Gemeinde noch einmal – vermittelt durch eine größere oder geringere Zahl von Lesungen – an einige frühere Etappen der Heilsgeschichte, bevor die eigentliche Botschaft dieser Nachtfeier verkündet wird, das Osterevangelium? Das Alte Testament folglich nur als Vorbereitung und Hinführung zum Evangelium!? Oder gar als Antithese zum Neuen Testament: als Zeit der Finsternis, des Gesetzesdienstes, der Unerlöstheit!?

## Das Alte Testament als Frohbotschaft

Bereits die erste Lesung dieser großen liturgischen Nacht, die Schöpfungsgeschichte aus dem Buch Genesis, macht darauf aufmerksam, dass etwas nicht in Ordnung ist, wenn die Lesungen aus dem Alten Testament der Lichtfeier *vorangehen*. Wie kann man das große Wort „Es werde Licht", das erste Gotteswort der Bibel, in der anhaltend dunklen Kirche verkünden? Die Schöpfungserzählung berichtet doch nicht einfach von einem weit zurückliegenden Anfang, sondern vergegenwärtigt in festlicher Sprache den Grund von allem, was ist. Sie beginnt mit einem schauerlichen, grausigen Bild, dem Todesraum des Chaos aus Finsternis, Wasser und Wüste, dem Gott mit dem Schöpfungswort entgegentritt. So wird schnell deutlich: Die Schöpfungsgeschichte ist kein blasses Vorspiel, sondern selbst schon Frohbotschaft. So ist Gott; er tritt „von Anfang an" (Gen 1,1) den Mächten der Finsternis und des Todes entgegen.

Bereits an diesem Beispiel lässt sich erkennen, dass der vordergründig dramatische Aufbau, der mit den alttestamentlichen Lesungen in der noch dunklen Kirche beginnt, keinen Zugang zu den biblischen Lesungen eröffnet. Im Gegenteil, er verstellt das angemessene Verständnis dieser Texte.

Diese unüberlegte liturgische Praxis verfestigt ein unhaltbares Verständnis des Alten Testaments, das die Bibeltheologie der letzten Jahrzehnte zum Glück überwunden und weit hinter sich gelassen hat. Auch das Alte Testament kündet vom rettenden Gott. Die komplexe Liturgie der Osternacht bietet viele Hilfen an, um die Schrift zu verstehen. Diese sozusagen implizite Lesehilfe oder Hermeneutik drückt sich in ihrer vierteiligen Großstruktur aus, in Motivlinien, die die ganze Feier durchziehen (Licht/Finsternis; Wasser/Taufe; Gottes Volk ...), im komplexen Aufbau des Wortgottesdienstes mit der stets wiederholten Abfolge von Lesung, Psalm und Gebet und in den Gebeten. All das wurde zuvor erläutert.

## Das große Osterlob als Lesehilfe

Wie wir etwas aufnehmen, hängt von unseren früheren Erfahrungen ab. Das, was vorangeht, bestimmt immer die Rezeption des Nachfolgenden. So empfiehlt es sich, den Blick auf die *Abfolge von Lichtfeier und Lesungsteil* zu richten und einmal genauer die Nahtstelle zwischen beiden Teilen zu betrachten.

Die Lichtfeier geht dem Wortgottesdienst nicht nur zeitlich voraus, sondern legt auch den Rahmen fest, in dem die nachfolgenden Lesungen gehört werden. Das Exsultet, das Osterlob, am Ende der Lichtfeier fasst alle Aspekte des ersten Teils zusammen. Und vorausschauend auf die Schriftlesungen entwirft es eine gesamtbiblische Theologie der Rettung. Die eingängige Wiederholung der Einweise-Formel „Dies ist die Nacht …" nimmt die Feiernden mit in eine andere Zeit. Sie stellt die Festgemeinde in den Raum der Rettungstaten Gottes, von denen ab der ersten Seite der Bibel erzählt wird. „In einer einzigartigen poetischen Kontraktion der Zeit werden die vielen Einbrüche der Transzendenz zur Rettung des Menschen in diese Nacht zusammengedrängt" (Josef Wohlmuth). So wird das allzu schlichte Schema der Entgegensetzung von Altem und Neuem Testament, von vermeintlicher Vorgeschichte und eigentlichem Gotteshandeln, unendlich überboten.

Das Alte Testament ist keine überholte Vorstufe, sondern spricht auch heute noch mit einer eigenen Stimme von Gottes Einsatz zur Rettung seiner Schöpfung. Die Einheit der beiden Testamente darf nicht zerrissen werden. Ohne diesen *Zusammenklang von Altem und Neuem Testament* hinge die Osterbotschaft förmlich in der Luft: Der Gott, der am Gekreuzigten handelt, ist kein anderer als der Gott Israels, der Schöpfer der Welt. Und umgekehrt enthalten die alttestamentlichen Texte bereits die Frohbotschaft: Gott will von Anfang an das Heil der Menschen. Wer Ostern verstehen will, muss sich an alles erinnern, was Gott getan hat.

Das will die Osternachtfeier auch durch ihren Aufbau den Feiernden nahebringen.

# Die vier heiligen Nächte des Gottesvolkes

## Der innere Zusammenhang der alttestamentlichen Lesungen

*Georg Steins*

Der lange Reigen der Lesungen legt aus, welcher Gott so Großes an Jesus Christus getan hat. Nur wer die Bibel von Anfang an abschreitet, kann Gottes österliches Handeln erfassen. Man muss auf der ersten Seite der Bibel beginnen und sich Lesung um Lesung immer wieder an den Gott erinnern, der rettet und neu schafft – bis hin zur Lesung aus dem Römerbrief („Wandelt in der Wirklichkeit des neuen Lebens!", vgl. Röm 6,4) und den Ostergeschichten der Evangelien.

## Keine beliebige Zusammenstellung von Lesungstexten

Warum sind es gerade *diese* Texte, die für die Osternacht ausgewählt wurden? Eigneten sich nicht auch andere „große" Texte des Alten Testaments für diesen Gottesdienst? Müssen gerade Texte vorgetragen werden, die für immer mehr Mitfeiernde aufgrund ihrer unverstellten Gewaltdimension problematisch sind – so vor allem die Erzählungen von der Opferung Isaaks (Gen 22) und von der Rettung Israels am Meer (Ex 14)?

Welchem Prinzip folgt die Auswahl? Warum wurden bei der Liturgiereform 1970 gerade diese Bibeltexte ausgesucht? In älteren Ordnungen kam noch die Sintflutgeschichte vor, ebenso das Jonabuch mit seinem Motiv des dreitägigen Aufenthalts im

Bauch des Fisches, also der Unterwelt. Als die neue Leseordnung vor nun schon 50 Jahren eingeführt wurde, hat man versäumt, die Logik der Auswahl zu verdeutlichen. Wer sich auf die Suche nach dieser Logik begibt, kann Erstaunliches entdecken – und Ostern besser verstehen.

Die Abfolge der sieben Lesungen (Gen 1 – Gen 22 – Ex 14 – vier prophetische Verheißungen aus Jesaja, Baruch und Ezechiel) lehnt sich an eine sehr alte jüdische Interpretation der Pessachfeier an. Das Alter dieser Tradition ist nicht genau zu bestimmen; sie reicht möglicherweise bis in vorchristliche Zeiten zurück.

Diese Pessach-Interpretation ist aufbewahrt in einem Text, der um 1960 in Rom herausgegeben wurde und offensichtlich seinerzeit die Liturgiereformer inspiriert hat. Es handelt sich um den sogenannten Codex Neofiti. In einer aramäischen Wiedergabe von Ex 12, der Pessacherzählung (die in der christlichen Liturgie am Gründonnerstag gelesen wird), findet der Vers 42 besondere Aufmerksamkeit.

In der Einheitsübersetzung lautet der Vers:

> „Eine Nacht des Wachens war es für den HERRN,
> als er sie aus dem Land Ägypten herausführte.
> Als eine Nacht des Wachens für den HERRN
> gilt sie den Israeliten in allen Generationen."

Die übliche Übersetzung „Nacht des Wachens" ist zu eng und lässt nur an den nächtlichen Aufbruch und die Flucht der Israeliten denken. Es geht aber um mehr: um Gottes *Achtsamkeit* für die Israeliten, die sich in der *Bewahrung* durch einen *wachen*, einen *gewärtigen* Gott auswirkt. Daran *sollen sich* die Israeliten in der Feier des Pessach Jahr für Jahr *erinnern;* das ist geradezu ein religiöses *Pflicht*programm. Diese erstaunliche Fülle an Bedeutungen und Nuancierungen (hier durch die Kursivierungen angezeigt) steckt in dem hebräischen Wort für „Wache". Eine so stark mit Bedeutung aufgeladene Bibelstelle musste geradezu die Interpretationskünste der jüdischen Ausleger auf den Plan rufen.

## Die vier heiligen Nächte des Gottesvolkes und die sieben alttestamentlichen Lesungen

Zu Vers 42 trägt der erwähnte aramäische Codex eine ausführliche und theologisch ausgreifende Interpretation vor, die in voller Länge zitiert zu werden verdient:

„*Eine Nacht der Wache*" (Ex 12,42): Bestimmt ist sie zur Auslösung durch den Namen des Herrn zur Zeit des Auszugs der Kinder Israels, die ausgelöst wurden aus dem Land Ägypten. Allein vier Nächte sind es, die aufgeschrieben sind im Buch der Erinnerungen.

*Uranfängliche Nacht,* als der Herr sich offenbarte über die Welt, indem er sie schuf. Es war die Welt *tohu wabohu* und Finsternis ausgebreitet über der Oberfläche der Tiefe. Und sein – des Herrn – Wort, und es war Licht, und es war hell. Und er nannte sie uranfängliche Nacht (vgl. Gen 1,1–3.5).

*Zweite Nacht,* als sich Gott über Abraham offenbarte, als er hundert, seine Frau, als sie neunzig Jahre alt war, damit aufgerichtet werde, was die Schrift sagt: Siehe, Abraham war hundert Jahre alt, als er zeugte, und Sara, seine Frau, war neunzig, als sie gebar (vgl. Gen 17,17; 21,5). Und Isaak war 37 Jahre alt, als er geopfert wurde auf dem Altar (vgl. Gen 22,1–9; 23,1). Die Himmel erniedrigten sich und stiegen herab, und es sah Isaak ihre Vollendung, und es wurden trübe seine Augen wegen ihrer Vollendungen. Und er nannte sie zweite Nacht.

*Dritte Nacht,* als sich der Herr offenbarte über den Ägyptern in der Mitte der Nacht; es war seine Hand tötend ihre – der Ägypter – Erstgeborenen, und seine Rechte war ein Schild über den Erstgeborenen Israels (vgl. Ex 12,12–13), damit aufgerichtet werde, was die Schrift sagt: Mein erstgeborener Sohn ist Israel (vgl. Ex 4,22). Und er nannte sie dritte Nacht.

*Vierte Nacht,* wenn er die Welt – ihr Ende – vollenden wird; damit ausgelöst werde, werden die Joche aus Eisen zerbrochen werden, und das Geschlecht der Frevler, sie werden vertilgt werden. Und Mose wird aufsteigen aus dem Inneren der Wüste und der König, der Messias, aus dem Inneren der Höhe/des Himmels (vgl. Dan 7,13). So führt dieser an der Spitze der Herde, und jener führt an der Spitze der Herde, und SEIN Wort ist führend zwischen ihnen beiden, und ich und sie sind führend zusammen.

Dies ist die Nacht des Pascha für den Namen des Herrn, „eine Nacht des Wachens", und bestimmt ist sie zur Auslösung Israels „für alle Generationen" (Ex 12,42).

(Übersetzung aus: R. Meßner, Einführung in die Liturgiewissenschaft, UTB 2173, Paderborn 2001, 301)

Die Pessachnacht wird in diesem „Gedicht der vier Nächte" im Zusammenhang mit anderen Nächten gesehen, in denen Gott seinem Volk hilfreich nahekommt. Israels Rettung aus Ägypten ist in dieser Sicht kein isoliertes Ereignis, vielmehr zeigt Gott hier einmal mehr, wer er ist und sein will: *der Retter.* In dieser einen Tat Gottes sind das vergangene wie das künftige Tun Gottes gegenwärtig. Das Gedicht rückt die Rettung aus Ägypten in den weiten Horizont von Schöpfung und Vollendung: Die erste heilige Nacht ist die der Schöpfung (Gen 1), die zweite ist die der Erfüllung der Abrahamverheißung (Gen 15; 17; 22); in der dritten Nacht wird Israel befreit (Ex 12–15), die vierte Nacht ist die der Vollendung der Welt im Kommen des Messias, wie sie in den Schriften der Propheten bedacht wird.

Eine Gegenüberstellung der vier heiligen Nächte und der Osternachtlesungen zeigt die genauen Entsprechungen:

| **„Gedicht der vier Nächte": Jüdische Auslegung zu Ex 12,42 als Deutung des Pessachfestes** | **Die sieben alttestamentlichen Lesungen der katholischen Osternachtfeier** |
|---|---|
| **1. Nacht:**<br>Schöpfung | **1. Lesung:**<br>Gen 1: Schöpfung |
| **2. Nacht:**<br>Gottes Bund mit Abraham und Bewährung des Bundes | **2. Lesung:**<br>Gen 22: Abrahams Opfer |

| | |
|---|---|
| **3. Nacht:**<br>Rettung aus Ägypten | **3. Lesung:**<br>Ex 14: Rettung Israels am Meer |
| **4. Nacht:**<br>Kommen des Messias und Vollendung der Welt | **4. bis 7. Lesung:**<br>Jes 54: Gottes Treue<br>Jes 55: Gottes Bund<br>Bar 3–4: Gottes Lebensweisung<br>Ez 36: Neuschöpfung des Gottesvolkes |

Das also ist der bibeltheologische und liturgische Rahmen der Osterbotschaft, der von den sieben alttestamentlichen Lesungen der Osternacht aufgespannt wird – ein Rahmen, der umfassender nicht gedacht werden könnte.

Die Leseordnung der Osternachtfeier ist alles andere als eine zufällige Auswahl großer Bibeltexte. Sie enthält ein umfassendes Programm der Rettung der Menschheit aus Sünde und Tod durch Gott, der von Anfang an nur das eine will: die Freiheit und das Leben.

Dazu bietet die Liturgie gewissermaßen die ganze Bibel auf, sie holt Sinnschichten von Ostern hervor, die überhaupt erst den Glanz und die Größe dieses Ereignisses erahnen lassen: die Schöpfung ebenso wie die Neuschöpfung und Vollendung; den Aufbau einer Gemeinschaft, die diese Rettung erfahren hat und das Geheimnis der Erlösung in der Welt zum Leuchten bringen soll: das erwählte Volk Gottes, also Israel, dem die Kirche auf geheimnisvolle Weise zugeordnet ist und bleibt, indem die Berufung Abrahams in Christus geöffnet wird für die Völker, also die geborenen „Heiden“, die Nichtjuden.

Was bedeuten solche Einsichten für die Osternachtfeier? Zuerst dieses: Statt an der Weite und Tiefe dieses von den Lesungen ausgespannten Rahmens Abstriche zu machen – aus welchen „pastoralen“ Motiven auch immer –, käme es darauf an, die Herausforderung dieser Größe anzunehmen. Ostern braucht diesen „Aufwand“, um der Wahrheit des Osterevangeliums willen! Es ist gut und richtig, dass Kirche viele „niederschwellige“ Angebote macht. Aber die Osterbotschaft in ihrer ganzen Wucht lässt sich nur erahnen, wenn wir uns der Fülle der Botschaft aussetzen.

Die Liturgie hilft auf ihre Weise: Sie trägt die Botschaft gewissermaßen in immer neuen Anläufen vor. Sie bietet viele Chancen, einzusteigen, das Gehörte und Erlebte zu vertiefen, Brücken zum eigenen Leben zu finden. Aber alles hängt daran, dass die Liturgie diese Fülle auch „ausspielen“ darf.

# „Hört, und ihr werdet leben!“

## Die Osterbotschaft der Schriftlesungen

### Zu den Übersetzungen der Bibeltexte

Die Übersetzungen sind sehr textnah und wollen Besonderheiten der biblischen Urtexte sichtbar machen; sie eignen sich zum Studium, helfen, genauer zu verstehen. Wegen der Wörtlichkeit sollten sie aber nicht im Gottesdienst verwendet werden.

In *Kursivschrift* sind bei einigen Lesungen zusätzliche Verse hinzugenommen, die für ein angemessenes Verständnis wichtig, im Lektionar für die Osternacht aber nicht vorgesehen sind.

Wer Texte des Alten Testaments übersetzt, steht immer wieder neu vor der Frage, wie der *alttestamentliche Gottesname* angemessen übertragen werden kann. In der jüdischen Tradition wird er geschrieben, aber nicht gelesen, sondern seit der Antike durch ein anderes Wort – „Herr“ oder „der Name“ – ersetzt. Diese Praxis wird inzwischen auch wieder von den christlichen Kirchen beachtet.

Die Wiedergabe mit „Herr“ kann leicht missverstanden werden als Verengung und Festlegung Gottes auf männliche Eigenschaften. Wir haben uns für die Umschreibung mit „der EWIGE“ entschieden, die die Besonderheit des göttlichen Namens respektvoll bewahrt.

# Die sieben alttestamentlichen Lesungen

*Georg Steins / Egbert Ballhorn*

## Am Anfang – Licht und Leben

*Gen 1,1–2,3 (Lektionar 1,1–2,2)*

1,1 Am Anfang, als Gott den Himmel und die Erde schuf –
2 die Erde war unwirtlich und unheimlich,
und Finsternis war über der Flutfläche
und Gottes Lebensatem wehend über der Wasserfläche –,
3 sprach Gott:
Es werde Licht.
Und es wurde Licht.
4 Gott sah das Licht, wie gut es war,
und Gott schied zwischen dem Licht
und zwischen der Finsternis.
5 Und Gott rief zum Licht ‚Tag',
und zur Finsternis rief er ‚Nacht'.
Und es wurde Abend,
und es wurde Morgen:
ein/erster Tag.

6 Und Gott sprach:
Es sei eine Feste inmitten des Wassers,
so dass sie scheidet zwischen Wasser und Wasser.
7 Und Gott machte die Feste,
so dass sie schied zwischen dem Wasser unterhalb der Feste
und zwischen dem Wasser oberhalb der Feste.
Dementsprechend geschah es.

8 Und Gott rief zur Feste ‚Himmel'.
Und es wurde Abend,
und es wurde Morgen:
zweiter Tag.

9 Und Gott sprach:
Es sei gesammelt das Wasser von unter dem Himmel weg nach einem Ort,
so dass das Trockene sichtbar werde.
Und das Wasser sammelte sich von unter dem Himmel weg an seine Ansammlungen,
und das Trockene wurde sichtbar.
Dementsprechend geschah es.
10 Und Gott rief zum Trockenen ‚Erde',
und zur Ansammlung des Wassers rief er ‚Meere'.
Und Gott sah, wie gut es war.
11 Und Gott sprach:
Es lasse die Erde Grünes grünen:
Pflanzen, die Samen samen,
Fruchtbäume, die Früchte bringen, nach ihrer Art,
in denen ihr Same ist, auf der Erde.
Dementsprechend geschah es.
12 Und die Erde brachte Grünes heraus:
Pflanzen, die Samen samen,
und Bäume, die Früchte bringen, in denen ihr Same ist, nach ihrer Art.
Und Gott sah, wie gut es war.
13 Und es wurde Abend,
und es wurde Morgen:
dritter Tag.

14 Und Gott sprach:
Es seien Lichter an der Feste des Himmels,
um zu scheiden zwischen dem Tag und zwischen der Nacht,

und sie seien zu Zeichen, und zwar für Festzeiten
und für Tage und Jahre,
15 und sie seien zu Lichtern an der Feste des Himmels,
um zu leuchten über die Erde hin.
Dementsprechend geschah es.
16 Und Gott machte die zwei großen Lichter,
das größere Licht zur Herrschaft über den Tag
und das kleinere Licht zur Herrschaft über die Nacht,
und die Sterne.
17 Und Gott gab sie an die Feste des Himmels,
um zu leuchten über die Erde hin
18 und um zu herrschen über den Tag und über die Nacht
und um zu scheiden zwischen dem Licht
und zwischen der Finsternis.
Und Gott sah, wie gut es war.
19 Und es wurde Abend,
und es wurde Morgen:
vierter Tag.

20 Und Gott sprach:
Es soll das Wasser Gewimmel wimmeln, lebendige Wesen,
und Fluggetier soll fliegen über die Erde hin,
an der Vorderseite der Feste des Himmels.
21 Und Gott schuf die großen Meeresungeheuer
und alle lebendigen Wesen, die sich regen,
von denen das Wasser wimmelt, nach ihren Arten,
und das geflügelte Fluggetier nach seinen Arten.
Und Gott sah, wie gut es war.
22 Und Gott segnete sie folgendermaßen:
Seid fruchtbar und werdet zahlreich
und füllt das Wasser in den Meeren,
und das Fluggetier soll zahlreich werden auf der Erde.
23 Und es wurde Abend,
und es wurde Morgen:
fünfter Tag.

24 Und Gott sprach:
Es bringe die Erde heraus lebendige Wesen nach ihren Arten:
Vieh und Kriechgetier und Wildgetier der Erde nach seinen Arten.
Dementsprechend geschah es.
25 Und Gott machte das Wildgetier der Erde nach seinen Arten
und das Vieh nach seinen Arten
und alles Kriechgetier des Erdbodens nach seinen Arten.
Und Gott sah, wie gut es war.
26 Und Gott sprach:
Lasst uns Menschen machen als unsere Statue,
wie unsere Ähnlichkeit,
damit sie walten über die Fische des Meeres
und über das Fluggetier am Himmel
und über das Vieh
und über alles Wildgetier der Erde
und über alles Kriechgetier, das über die Erde hin kriecht.
27 Und Gott schuf den Menschen als seine Statue,
als Statue Gottes schuf er ihn,
männlich und weiblich schuf er sie.
28 Und Gott segnete sie.
Und Gott sprach zu ihnen:
Seid fruchtbar und werdet zahlreich
und füllt die Erde und setzt den Fuß auf sie.
Und waltet über die Fische des Meeres
und über das Fluggetier des Himmels
und über jedes Tier, das über die Erde hin kriecht.
29 Und Gott sprach:
Siehe, hiermit gebe ich euch
alle Pflanzen, die Samen samen, die über die ganze Erde hin sind,
und alle Bäume, an denen Baumfrüchte sind, die Samen samen:
Euch sollen sie zur Nahrung sein.

30 Allem Wildgetier der Erde
und allem Fluggetier des Himmels
und allem Kriechgetier auf der Erde,
in dem lebendiges Wesen ist,
gebe ich alles Blattwerk der Pflanzen zur Nahrung.
Dementsprechend geschah es.
31 Und Gott sah alles, was er gemacht hatte,
und siehe, es war sehr gut.
Und es wurde Abend,
und es wurde Morgen:
der sechste Tag.

2,1 So wurden vollendet der Himmel und die Erde und ihr ganzes Gefüge:
2 Gott vollendete am siebten Tag seine Arbeit, die er gemacht hatte,
und er hörte am siebten Tag auf mit all seiner Arbeit, die er gemacht hatte.
3 *Und Gott segnete den siebten Tag und er heiligte ihn,*
*denn an ihm hörte er auf mit all seiner Arbeit,*
*die Gott geschaffen hatte, um zu machen.*

## Auslegung

*Von deiner Liebe, EWIGER, ist die Erde erfüllt.*

Die erhabene Schönheit und die feierliche Sprache des Eröffnungstextes der Bibel können nicht vergessen lassen, dass kein anderer Bibeltext so viel Streit ausgelöst hat wie diese Schöpfungserzählung, die nicht wenige als „Bericht" missverstehen und als überholte naturwissenschaftliche Auskunft über die Weltentstehung und das Werden des Menschen deuten. Mit Nikolaus Kopernikus und Charles Darwin gegen die Bibel? Der festliche Rahmen der Liturgie hilft, diese Fragen zurückzustellen und dem Text neu Gehör zu verschaffen. Licht und Wasser, die ansprechenden Zeichen der Osternachtfeier, spielen auch in der Lesung eine wichtige Rolle – so schlägt der Bibeltext gewissermaßen eine Brücke zwischen dem Beginn der Feier am Osterfeuer und dem Wasser in der Tauffeier, die auf den Reigen der biblischen Texte folgt.

Wer sich dem Gefüge des Textes aussetzt, wird zunächst den Eindruck gewinnen, dass es hier um Ordnung geht, ja, es herrscht Ordnung in jeder Hinsicht. Das erzählte Geschehen ist gegliedert durch die Abfolge der Tage, aber auch durch den sich wiederholenden inneren Aufbau der einzelnen Abschnitte und die ständige Wiederkehr bestimmter Formulierungen. In einer feierlichen, einer fast monotonen Sprache wird die Welt, werden „Himmel und Erde" als ein geordnetes Ganzes dargestellt. Der Aufbau erinnert an einen Teppich mit sich wiederholenden Mustern, oder treffender: an ein Bauwerk mit seinen einzelnen Stockwerken. Und in der Tat: Die Welt wird hier als ein solides und gegliedertes „Lebenshaus für alles Lebendige" (Erich Zenger) vorgestellt. Nichts darin ist deplatziert, störend, bedrohlich. Eine Welt ganz nach dem Willen dessen, aus dessen Befehlen sie hervorgegangen ist. Allein diese Einsicht führt schon über die fast naive Annahme hinaus, der Bibeltext wolle in einer Art primitiver Naturwissenschaft vor allem über das Werden der Welt informieren.

Bei näherem Hinsehen gibt es noch weitere Überraschungen: Zuerst fällt auf, dass das dominierende Ordnungsmuster nicht der Raum ist, sondern die Zeit: Schöpfung wird zuallererst vorgestellt als eine Ordnung der Zeit. Das Thema „Zeit" findet sich am Anfang (am ersten Tag wird die grundlegende Zeiteinheit „Tag" geschaffen), in der Mitte (am vierten Tag werden die Größen Sonne und Mond für die Zeitmessung nach Monaten und Jahren und für die Bestimmung der Festtage im Jahreslauf geschaffen) und am Ende des Textes (von den sechs „Werk-Tagen" wird der siebte Tag als etwas Besonderes abgehoben). Leben braucht stabile Rhythmen und auch den einen Tag der Woche, der das Machen und die Mühsal unterbricht. Dieser Tag kennt keinen Abend. Genesis folgt der Struktur der Woche mit ihren sechs Tagen der Arbeit und dem davon abgesetzten siebten Tag des Ruhens. Erst damit kommt das Werk an ein Ende, nicht schon mit dem letzten Handgriff. Verhalten deutet sich hier bereits die Vorstellung einer Vollendung an, die das Ziel von allem ist.

Die zweite Besonderheit von Gen 1 wird selten wahrgenommen, wohl weil der Text zu vertraut ist: Gottes schöpferisches Handeln beginnt nicht in Vers 1, sondern mit dem Aufrufen des Lichts in Vers 3. Zuvor wird ein grausiger vorweltlicher Zustand beschrieben – mit den drastischen Gegenbildern zum Lebenshaus, mit den Todesbildern von Wüste, Finsternis und Chaoswasser. Wie es zu dieser Vorwelt kommt, interessiert den Verfasser des Textes nicht. Ganz beheimatet in der Welt des Alten Orients, begreift er Schöpfung als Aufbau lebensnotwendiger und sinnhafter Ordnungen. Fragen nach den letzten Ursachen der Dinge, die zur gleichen Zeit Mitte des 1. Jahrtausends v. Chr. die griechischen Denker beschäftigen, geht er nicht nach.

Im Folgenden überwindet Gott diese Todesmächte, nicht indem er sie beseitigt, sondern indem er sie in die Ordnung des Weltganzen sinnvoll einfügt: Der todbringenden *Finsternis* setzt Gott das Leben schaffende Licht entgegen. Die *Chaoswasser* werden gebändigt und zurückgedrängt, so dass sie Lebensräume freigeben. Bei der Sintflut, die in Gen 6–9 erzählt wird, kehren die Todeswasser noch einmal zurück; dieses Thema begegnet uns in der dritten Lesung aus dem Buch Exodus erneut. Die Erde bleibt keine *Wüste*, sie erhält ein grünes Kleid, die Pflanzen und Fruchtbäume zur Versorgung von Vieh und Mensch.

Die Überwindung der Todesmächte durch den Aufbau einer lebensfreundlichen Ordnung lässt bereits das Osterthema erklingen: Gen 1 verkündet die frohe Botschaft vom Sieg Gottes über alles, was dem Leben entgegensteht. Die Frohbotschaft vom Eintreten Gottes für das Leben und gegen den Tod wird ab der ersten Seite der Bibel laut.

Der Mensch erhält im Lebenshaus der Schöpfung eine Sonderrolle. Das ist die dritte Besonderheit dieser Schöpfungserzählung. Der Mensch wird *als* Bild Gottes geschaffen, so heißt es präzise in der Einheitsübersetzung. Bei einem „Bild" denken wir gewöhnlich an ein Foto oder Gemälde. Hier ist aber an eine Rundplastik, eine Statue gedacht. Der Mensch wird als lebendige

Gottesstatue begriffen: So repräsentiert er den Schöpfer in der Schöpfung. Als Gottes lebendige Statue ist er beauftragt, wie ein Stellvertreter des himmlischen Königs dafür zu sorgen, dass alle in diesem Lebenshaus leben können. Die wichtige Umschreibung des königlichen Amtes ist die Vorstellung vom Hirten. Der sogenannte „Herrschaftsauftrag" ist also recht verstanden ein „Hüteauftrag". Er darf nicht egoistisch vom Menschen als Erlaubnis zur Zerstörung des Lebenszusammenhangs missbraucht werden. Der Mensch ist Stellvertreter des sich um das Leben sorgenden Gottes in Gottes Schöpfung. Nur nebenbei sei ein kleiner Zug des Textes erwähnt: Das Töten von Tieren als Nahrung des Menschen wird erst nach der Sintflut erlaubt. Gen 1 kennt nur ein friedliches Miteinander der Lebewesen.

Gen 1 redet noch nicht von Mann und Frau – dieses Thema wird erst im folgenden Kapitel der Bibel entwickelt –, sondern vom „männlichen und weiblichen *Menschen*". Der Text betont folglich das beiden Geschlechtern gemeinsame Menschsein und die gleiche Verantwortung. Der Auftrag zum Walten richtet sich nicht auf die Herrschaft über Menschen aus, sondern auf die Tiere insgesamt, also auf die Sorge für das ganze Lebenshaus der Schöpfung. Die erste Aussage über den Menschen, die sich in der Bibel findet, stellt seine *königliche Würde* heraus. Sie liegt allen Unterschieden, auch der Geschlechterdifferenz, voraus. Alles, was in der Bibel folgt, lässt sich lesen als Ringen um den Erhalt und die Wiederherstellung dieser Würde.

Im österlichen Triduum entspricht der Ostertag dem Aufruf des Lichts am ersten Schöpfungstag. Der achte Tag ist wie der erste geprägt durch Gottes Eintreten gegen die Todeswelt. Vorausgegangen war der siebte Tag, der Tag der Ruhe. In dieser Konstellation fällt auf den Karsamstag ein besonderes Licht: der große Sabbattag, an dem Gott ruht. Die Erschaffung des Menschen gehört zum sechsten Tag, dem Freitag. Der Karfreitag erinnert an alle Last – bis hin zum Tod des Messias –, die Gott auf sich nimmt, weil seine unablässige Sorge dem Menschen gilt, der sich von Gott abgewandt und in Lieblosigkeit und Gewalt verrannt hat.

Der erste Text im Reigen der österlichen Lesungen lässt also bereits die großen Themen anklingen, die in den nachfolgenden Lesungen aufgenommen werden: Gottes Eintreten für das Leben und gegen den Tod, die natürliche Zeit als Grundrhythmus des Lebens, aber auch die Zeit als Befreiung von Arbeit und Last, die königliche Würde des Menschen als Repräsentant Gottes in seiner Schöpfung. Eine herausgehobene Rolle spielt das Wasser: In ihm bleibt die Bedrohung der Ordnung bewusst, die Welt ist wie eine schützende Blase des Lebens in das Wasser des Todes hineingestellt. Gott hält das Wasser in Grenzen, er weist dem Wasser einen Ort in der Schöpfung zu und nimmt ihm seine tödliche Macht.

Die großen Bilder der Schöpfungsgeschichte am Anfang der Bibel erfüllen eine wichtige Aufgabe: Sie sind einerseits sehr konkret; all das, wovon sie sprechen, ist Teil unserer Alltagswelt. Aber zugleich öffnen sich diese Bilder gewissermaßen und lassen die Kräfte im „Hintergrund" aufscheinen: die starken Mächte des Todes und das Gefüge des Lebens, alles getragen vom göttlichen Lebensatem und seinem Wort, das sich der Finsternis von Anfang an entgegenstellt und das Licht will. Im Buch der Weisheit ist das schlicht und genau in einem Ausruf der Erleichterung zusammengefasst: „EWIGER, du Freund des Lebens" (Weish 11,26).

Licht und Wasser und die Betonung der Würde des Menschen: Mit der ersten Lesung wird eine breite Spur gelegt, die in die Tauffeier der Osternacht mündet. Gott hat Großes mit dem Menschen vor. Der Tod ist für ihn kein Hindernis. Die Taufe ist der Schritt in diese Wirklichkeit eines österlich-befreiten Lebens, das nur als Wunder, als überwältigendes Geschenk angenommen und gefeiert werden kann.

Zwar kommt schon mit dem Werk des sechsten Tages in Gen 1 der Mensch in den Blick, näherhin in seiner Größe und Verantwortung, in seiner Würde. Ein weiteres zentrales Thema der Osternacht scheint in dieser Lesung jedoch noch nicht auf: das Gottesvolk Israel. Dies ändert sich mit der nachfolgenden Lesung, die uns mit der Berufung und Bewährung Abrahams sowie der Rettung Isaaks an den Ursprung des Gottesvolkes führt.

## Gottes Volk - gefährdet und gesegnet

*Gen 22,1–19 (Lektionar 22,1–18)*

1 Nach diesen Ereignissen prüfte Gott Abraham.
Er sagte zu ihm:
Abraham!
Er sagte:
Hier bin ich.
2 Er sagte:
Nimm doch deinen Sohn, deinen einzigen, den du liebst, Isaak,
und geh in das Land Morija
und bring ihn dort auf einem der Berge, den ich dir nenne, als Brandopfer dar.
3 Frühmorgens stand Abraham auf, sattelte seinen Esel,
nahm seine beiden Jungknechte und seinen Sohn Isaak,
spaltete Holz zum Brandopfer
und machte sich auf den Weg zu dem Ort, den ihm Gott genannt hatte.

4 Am dritten Tag erhob Abraham seine Augen und sah den Ort von weitem.
5 Er sagte zu seinen Jungknechten:
Bleibt mit dem Esel hier!
Ich und der Knabe, wir wollen hingehen
und anbeten;
dann kommen wir zu euch zurück.
6 Abraham nahm das Holz für das Brandopfer
und legte es auf seinen Sohn Isaak.
Er selbst nahm in seine Hand das Feuer und das Messer.
Und beide gingen miteinander.
7 Isaak sagte zu seinem Vater:
Mein Vater!
Er sagte:
Hier bin ich, mein Sohn.

Er sagte:
Hier sind das Feuer und das Holz.
Und wo ist das Schaf für das Brandopfer?
8 Abraham sagte:
Gott wird sich das Schaf zum Brandopfer ersehen, mein Sohn.
Und beide gingen miteinander.
9 Und sie kamen an den Ort, den Gott ihm genannt hatte.
Abraham baute den Altar, schichtete das Holz auf,
band seinen Sohn Isaak und legte ihn auf den Altar, oben auf das Holz.
10 Und Abraham streckte seine Hand aus
und nahm das Messer, um seinen Sohn zu schächten.

11 Da rief ihm der Bote des EWIGEN vom Himmel her zu:
Abraham! Abraham!
Er sagte:
Hier bin ich.
12 Er sagte:
Streck deine Hand nicht gegen den Knaben aus
und tu ihm nichts!
Denn jetzt weiß ich, dass du Gott fürchtest
und deinen einzigen Sohn mir nicht vorenthalten hast.
13 Abraham erhob seine Augen und sah.
Und siehe,
ein Widder hatte sich hinten verfangen mit seinen Hörnern im Gestrüpp.
Abraham ging hin, nahm den Widder
und brachte ihn anstelle seines Sohnes als Brandopfer dar.
14 Abraham nannte jenen Ort
'Der EWIGE sieht',
wie man heutzutage sagt:
'Auf dem Berg des EWIGEN, wo er sich sehen lässt'.

15 Der Bote des EWIGEN rief Abraham zum zweiten Mal
vom Himmel her zu
16 und sagte:
Bei mir habe ich geschworen – Spruch des EWIGEN:
Weil du dies getan hast
und deinen einzigen Sohn nicht vorenthalten hast,
17 werde ich dir Segen schenken in Fülle
und deine Nachkommen zahlreich machen
wie die Sterne am Himmel
und den Sand am Meeresstrand.
Deine Nachkommen sollen das Tor ihrer Feinde einnehmen.
18 Durch deine Nachkommen sollen
für sich Segen erlangen alle Völker der Erde,
weil du auf meine Stimme gehört hast.

*19 Abraham kehrte zu seinen Jungknechten zurück.*
*Sie machten sich auf und gingen miteinander nach Beerscheba.*
*Abraham blieb in Beerscheba wohnen.*

## Auslegung

*Behüte mich, Gott, denn ich vertraue dir.*

Nach dem großen festlichen Auftakt, der Erzählung über die Welt als Lebenshaus und die Würde des Menschen in der ersten Lesung der Osternacht, konfrontiert uns die zweite Lesung mit einer befremdlichen Begebenheit. Diese Lesung gilt vielen als unzumutbar, einfach zum Davonlaufen; sie wird meistens ausgelassen. Ein Gott, der von einem Vater verlangt, seinen Sohn zu opfern! Ist das nicht eine – zum Glück – längst überholte Gottesvorstellung? Kann ich an einen Gott glauben, der solches verlangt? Wird Gott hier nicht zur Karikatur?

Kein Zweifel, die Vorstellung, wir Menschen müssten Gott etwas geben, um ihn auf unsere Seite zu ziehen, passt nicht zur Botschaft der Bibel. Diese Grundeinsicht ist im Neuen Testament klar ausgesprochen (2 Kor 5,19). Aber sie gilt ebenso für das Alte

Testament, in dem von Beginn an die zuvorkommende Güte Gottes erzählt wird. Vor diesem Hintergrund erscheint eine Geschichte wie Gen 22 erst recht unverständlich.

Es fällt leicht, diese Erzählung im Namen der Humanität oder eines aufgeklärten Gottesbildes abzutun. Manchen genügt die „beruhigende" Auskunft, Gen 22 erzähle von der Abschaffung des Menschenopfers im alten Israel. Andere vertreten die Auffassung, Abraham müsse sich eingebildet haben, Gott wolle das Opfer seines Sohnes – bis er durch Gott selbst eines Besseren belehrt worden sei. Diese abschwächenden Auslegungen werden jedoch dem Text nicht gerecht. Die biblische Erzählung ist ungleich härter und eindeutiger: Es ist der Gott Israels selbst, der Abraham den Befehl gibt. Der Text lässt auch keine prinzipielle Auseinandersetzung mit dem Thema des Menschen- oder Kinderopfers erkennen. Abrahams Bereitschaft, seinen Sohn zu opfern, wird in Vers 12 sogar ausdrücklich gutgeheißen.

Viele beunruhigt der Text nicht zuletzt deshalb, weil sie ihn als versteckte Anweisung für ihr eigenes Handeln lesen – so als müssten sie das Liebste opfern, um Gott zu gefallen. Dieses „moralische Missverständnis", das jeden Bibeltext als Handlungsanweisung sieht, ist leider weit verbreitet. Es handelt sich jedoch in Genesis um eine Erzählung, nicht um eine „göttliche Dienstanweisung": Wie so viele Texte der Heiligen Schrift will auch diese Erzählung nichts vorschreiben, sondern Erfahrungen Israels mit seinem Gott erzählend deuten. Diese Erfahrungen haben es aber wahrlich in sich! Vor jeder Wertung hat die Deutung auf den Text zu hören, den Spuren, die der Text selbst legt, sorgfältig nachzugehen. Worum geht es in dieser befremdlichen Erzählung?

Gen 22 handelt unüberhörbar von einem Opfer. Der Text schildert bis in die Einzelheiten die Vorbereitung eines speziellen Opfers. Alles wird bereitgehalten: das Holz, das Feuer, das Messer, der Altar. Die Fachbezeichnung für dieses Opfer lautet „Brandopfer" oder „Ganzopfer", weil die geopferte Materie ganz Gott gehört. Dies kommt in der vollständigen Verbrennung des Opfertieres zum Ausdruck.

Im dritten Buch des Alten Testaments, dem Buch Levitikus, finden wir eine Vielzahl detaillierter Vorschriften für diese

Opferart. Es gibt aber eine wichtige Differenz: Levitikus enthält göttliche Anweisungen, sogenannte „Rituale", für das Brandopfer des Volkes Israel. Wie Gen 22 erzählt, bringt nun Abraham lange vor der Mitteilung der Opfergesetze an Israel als Erster ein solches Opfer dar. Wir sind gewohnt, die Bibel immer nur in kleinen Ausschnitten wahrzunehmen, so dass diese großen Zusammenhänge nicht aufscheinen. Wer aber die Abrahamerzählung liest und dann im Verlauf der Lektüre zu Levitikus kommt, hat den Eindruck, hier werde Israel nur noch einmal ausdrücklich mitgeteilt, was Abraham bereits erfahren und getan hat.

Diese Erkenntnis ist eine „heiße Spur" für ein angemessenes Verständnis des schwierigen Textes. Und diese Spur lässt sich noch ausgestalten.

Nach unserem Empfinden ist die Art, in der Gen 22 erzählt, sehr merkwürdig. Da erhält ein Vater einen ungeheuerlichen Befehl. Trotzdem teilt uns der Text nichts über seine Gefühle mit – ganz zu schweigen von einer energischen Widerrede, die wir erwarten würden. Stattdessen sind andere Dinge wichtig. Auf sie gilt es – trotz unserer inneren Widerstände und der berechtigten Fragen – sorgsam zu achten.

Wiederholt wird im Text der Ort des Opfers hervorgehoben. Das Opfer findet nicht irgendwo statt, Gott selbst hat den Ort erwählt. Und Abraham erkennt ihn, wie der Text fast feierlich sagt: „Abraham erhob seine Augen und sah den Ort von weitem." Diese Wendung aus Vers 4 wird auf dem Höhepunkt des Geschehens in Vers 13 wiederholt. Jetzt erhebt Abraham seine Augen und sieht den Widder, das übliche Tier für das tägliche Brandopfer. Der Ort des Opfers und das Tier zum Opfer werden von Gott bestimmt, gleichsam wunderhaft ins Spiel gebracht.

Der Ort des Opfers trägt einen Namen, der verschlüsselt auf Jerusalem mit seinem von König Salomo gebauten Tempel hinweist. Der Name „Morija" findet sich nur noch einmal in der Bibel, und zwar in 2 Chr 3,1; er bezeichnet den Ort, an dem der Tempel steht. Gen 22 deutet also bereits lange vor der Erbauung auf den Tempel hin, auf den Ort, an dem Gott seinem Volk nahe sein will (vgl. Gen 22,14). Bereits am Anfang der großen Erzählung über Israels Werden und Ergehen taucht dieses Thema also schon auf.

Eigentlich kann man noch gar nicht von „Israel" sprechen, denn es gibt noch kein Volk Gottes. Gott hat erst ein einzelnes Menschenpaar erwählt, aus dem er später ein großes Volk macht.

Wer in der Deutung des Textes so weit gekommen ist, beginnt nun etwas von der schwindelerregenden Tiefe dieser Erzählung zu erahnen. Auf dem Höhepunkt der Erzählung erscheint der Widder, der „anstelle des Sohnes" geopfert wird. Dies ist nicht nur eine glückliche Lösung oder gar ein „Ersatz" für das Kind aus humanitären Gründen. So gelesen wird die Geschichte nicht in ihrer subtilen theologischen Hintergründigkeit wahrgenommen.

Die Erzählung will vielmehr schon ganz am Anfang der Geschichte Israels über die Stiftung des Gottesdienstes reden und damit die besondere Beziehung zwischen Gott und Israel aufzeigen. Diese Gottesbeziehung umfasst einfach alles – die tödliche Gefährdung und die glanzvolle Zukunft. Israel verdankt sein Dasein völlig seinem Gott. Diese Restlosigkeit in der Beziehung wird im Zeichen des Opfers anschaulich: Immer wenn Israel später einen Widder opfert, opfert es nicht nur ein wertvolles Tier aus der Herde. Gen 22 stellt klar, dass es eigentlich Isaak ist, der immer wieder geopfert wird. „Isaak" aber ist nicht nur ein einzelner Mensch, sondern er ist der Stammvater des Gottesvolkes. Er ist derjenige, durch den Gott sein Versprechen Wirklichkeit werden lässt, Sara und Abraham zu einem großen Volk zu machen. Isaak steht für das Gottesvolk selbst.

Die so unmenschlich erscheinende biblische Erzählung von Abraham, der seinen Sohn opfern soll, spiegelt also nicht eine äußerst primitive religiöse Stufe wider, die wir – Gott sei Dank! – überwunden haben. Sie führt uns vielmehr in das Geheimnis des Opfers ein, wie Israel es verstanden hat. Die Christen sind dem alttestamentlichen Opferverständnis selten gerecht geworden. Sie haben Israels Opfergottesdienst häufig verhöhnt und abgetan als haltlosen Versuch des Menschen, Gott manipulieren und auf seine Seite ziehen zu wollen. Der Begriff „Opfer" ist zudem heute komplett negativ besetzt, biblisch wird er dagegen betont positiv verstanden: Wenn alles, wenn das ganze Leben als Geschenk begriffen wird (vgl. die erste Lesung der Osternacht), zeigt das Opfer, was Sache ist, was wahr und wirklich ist. Im Loslassen und Freigeben des Gegebenen baut sich eine dichte Beziehung auf. Davon leben im Übrigen alle unsere tragenden Beziehungen. Gott schenkt – so die Botschaft von Gen 22 – Israel von sich aus die Möglichkeit, ihm zu begegnen, indem er selbst für das Opfer Sorge trägt. Von „Opfer" im herkömmlichen Verständnis kann dann keine Rede mehr sein.

Hier ist von Gott eine gedanklich kaum noch nachzuvollziehende Beziehung gestiftet, in der Gott alles schenkt – und in der Israel deshalb alles zurückgeben kann (wie Abraham den Isaak) und doch auf wunderbare Weise alles neu erhält. Dafür gibt es keine Begriffe, davon muss man erzählen! Am Ende von Gen 22 steht der große Segen.

Nach einer alten jüdischen Auslegung „wurde Abraham mit zehn Prüfungen geprüft. Abraham bestand sie alle. Dadurch sollte gezeigt werden, wie groß die Gottesliebe unseres Stammvaters Abraham war" (Sprüche der Väter, V 4). Das ganze Leben Abrahams unter dem Anruf Gottes – vom Auszug aus seiner Heimat bis zu seinem letzten „Aufbruch" zu dem von Gott gewiesenen Ort des Opfers – wird als Prüfung gedeutet. Die „Bindung Isaaks", so heißt im Judentum die Erzählung Gen 22, ist der Höhepunkt der Prüfungen Abrahams. Die jüdische Auslegung stellt diese irritierende Erzählung vom Befehl, den Sohn zu opfern, in den Zusammenhang der übrigen Abrahamgeschichten. Der Text verliert dadurch nichts von seiner Ungeheuerlichkeit – ganz im Gegenteil. Jetzt erst wird klar, dass es nicht um die Frage geht, ob ein Vater Gott sein Kind opfern darf, oder um die Frage, ob Menschenopfer von Gott gewollt sind. Die negative Antwort auf diese Frage ist klar. Es geht darum, wie überhaupt ein Leben mit diesem Gott Israels möglich ist – angesichts der göttlichen Zumutungen!

Die Geschichte im Buch Genesis redet nicht allgemein über Gott und Mensch, sie spricht sehr konkret von Abraham und – nicht zu vergessen – von seiner Frau Sara, die beide eine lange Geschichte mit Gott haben. Diese Geschichte ist eine Geschichte der „Prüfungen" oder der „Versuchungen" (biblisch steht dafür derselbe Ausdruck), auch wenn dieses Wort nur ein einziges

Mal fällt – und zwar am Anfang der Erzählung. Die Anstößigkeit wird dadurch noch größer, aber sie ist jetzt auch genau benennbar. Gott selbst scheint sich zu widersprechen: Wie soll die göttliche Verheißung – Sara und Abraham zu einem großen Volk zu machen – Wirklichkeit werden, wenn der nach langen Irrwegen gegen alle biologische Wahrscheinlichkeit geborene Sohn Isaak geopfert wird?

An diesem Sohn Isaak hängt die Zukunft Abrahams – und die Glaubwürdigkeit Gottes. Die Geschichte führt den Glauben Abrahams in die Erfahrung der Fremdheit Gottes hinein – und sie macht damit die Frage nach der Treue Gottes zum Thema. Die Gottesfremde ist die eine Seite der Erfahrungen Israels. Die Bibel lotet nicht nur die Verfehlungen von Menschen aus; Gen 22 stellt uns vor einen zutiefst befremdlichen Gott, so wie auch die Liturgie der drei österlichen Tage Gott nicht schont und auch nicht unsere Gottesbilder.

Die Abrahamgeschichte hält aber noch eine zweite Seite fest: Wie ein roter Faden zieht sich durch sie die Botschaft vom Sehen Gottes. Am Dornbusch (Ex 3) stellt sich Gott dem Mose später als der vor, der die Not seines Volkes sieht. Abraham vertraut auf diesen Gott, der sieht. Er geht los, dem Befehl folgend, aber er bekennt sich auch zu diesem sehenden Gott. In Gen 22,8 heißt es wörtlich: „Gott wird sich (er-)sehen das Schaf zum Brandopfer, mein Sohn." Dieses „Glaubensbekenntnis" Abrahams nimmt die Erzählung am Schluss auf, wenn Abraham dem Ort seiner Gotteserfahrung einen Namen gibt: „Abraham nannte jenen Ort ‚Der Ewige sieht'."

So fängt diese sperrige Geschichte alle Facetten der Erfahrung Israels mit seinem Gott ein. Solche Texte werden falsch gehört, wenn sie als erfahrungsunabhängige und immer gültige Aussagen über Gott und sein Wesen verstanden werden. Die biblischen Texte reden über Gott nicht aus der Beobachterperspektive, also gewissermaßen von außen und neutral, sondern von innen heraus, das heißt aus der Teilnehmerperspektive eines Erfahrungsweges. Der Verlust dieser Teilnehmerperspektive – anders gesagt: die Entdramatisierung unserer Gottesbeziehung –

ist daher das größte Hindernis für die angemessene Wahrnehmung dieser abgründigen biblischen Geschichten; denn alles biblische Reden von Gott geschieht im Horizont einer lebendigen Beziehung, die alle Seiten des Lebens umfasst.

Wohin können uns solche Geschichten führen? Sie wollen nicht als versteckte Aufforderung zur Nachahmung verstanden werden. Gott braucht nichts von uns, um daran seine Größe zu erfahren und um sich dann huldvoll zu uns herabzulassen. Diese düstere Auslegung von „Opfer“ ist theologisch indiskutabel; das war sie schon in biblischen Zeiten. Die Geschichte der Genesis will nicht „nachgespielt“ werden – aus welchen Motiven auch immer. Aber diese große Erzählung kann helfen, die eigenen Erfahrungen im Nachhinein zu entschlüsseln und auf Gott hin zu öffnen: So fremd also kann Gott für den Glaubenden werden, dass alles, was bisher galt, wie durchgestrichen erscheint. Abraham erlebt und durchleidet bereits „eine Golgathasituation“ (Gerhard von Rad).

Biblische Erzählungen wie Gen 22 wollen über eine bestimmte Stufe des Religionsverständnisses hinausführen – über die Frage: Welchen Nutzen hat der Glaube an Gott? Sie betreiben auf ihre Art Religionskritik, indem sie eine Kosten-Nutzen-Rechnung im Gottesverhältnis ad absurdum führen. Vor Gott gilt anderes. Geschichten wie Gen 22 wollen unsere Erfahrungen auch mit der Fremdheit Gottes „einsammeln“ und in die Gottesbeziehung „eintragen“. Sie sind so hart und so anstößig, sie müssen so sein, weil das Leben selbst so sein kann. Den Täuflingen und den bereits Getauften werden diese Erfahrungen einer langen Glaubensgeschichte als Gepäck für den eigenen Weg mitgegeben – damit sie sich an Gott halten, auch wenn das Leben sie hart anfasst und Gott fern zu sein scheint.

Aber eines sollte nicht übersehen werden: Am Ende steht der Segen. Der Gott, der Abraham, dessen Frau und ihren Sohn diese Wege führt, ist der Gott, der sich ein Volk – die Kinder Abrahams – erschaffen will. Dieses Thema ist die Brücke zur dritten Lesung, in der es um die Erschaffung des Volkes Gottes im Angesicht der Feinde und inmitten der Todeswasser geht.

## Gottes Volk – aus Todeswassern gerettet

*Ex 14,5–15,1 (Lektionar 14,15–15,1)*

14,5 *Dem König von Ägypten wurde gemeldet, dass das Volk geflohen sei.*
*Und es wandelte sich das Herz des Pharao und seiner Diener gegen das Volk,*
*und sie sagten:*
*Was haben wir getan,*
*dass wir Israel aus unserer Knechtschaft entlassen haben?*
6 *Und er spannte seinen Kriegswagen an*
*und nahm sein Volk mit sich.*
7 *Er nahm sechshundert ausgesuchte Kriegswagen und alle Kriegswagen Ägyptens und drei Mann auf jedem.*
8 *Der* EWIGE *verhärtete das Herz des Pharao, des Königs von Ägypten; der verfolgte die Israeliten, die Israeliten aber zogen mit erhobener Hand aus.*
9 *Die Ägypter verfolgten sie und holten sie ein, als sie am Meer lagerten – alle Pferde und Kriegswagen des Pharao und seine Wagenfahrer und Heeresmacht – bei Pi-Hahirot gegenüber von Baal Zefon.*

10 *Der Pharao näherte sich, und die Israeliten erhoben ihre Augen, und siehe, die Ägypter zogen hinter ihnen her; sie fürchteten sich sehr, und die Israeliten schrien zum* EWIGEN.
11 *Zu Mose sagten sie:*
*Hast du uns, weil es in Ägypten keine Gräber gab,*
*zum Sterben in die Wüste mitgenommen?*
*Was hast du getan, dass du uns aus Ägypten*
*herausgeführt hast?*
12 *War nicht dies das Wort, das wir zu dir in Ägypten*
*geredet haben:*
*Lass ab von uns, wir wollen für Ägypten knechten,*
*denn es ist besser für uns, für Ägypten zu knechten,*
*als in der Wüste zu sterben.*

13 *Mose sagte zum Volk:*
*Fürchtet euch nicht!*
*Stellt euch hin und seht die Rettung des EWIGEN,*
*die er heute für euch machen wird.*
*Denn wie ihr Ägypten heute sehen werdet,*
*werdet ihr sie nicht mehr sehen bis in Ewigkeit.*
14 *Der EWIGE kämpft für euch, ihr aber bleibt still!*
15 Der EWIGE sagte zu Mose:
Was schreist du zu mir?
Rede zu den Israeliten, dass sie weiterziehen sollen.
16 Und du, hebe deinen Stab und strecke deine Hand
über das Meer und teile es.
Und die Israeliten kommen mitten in das Meer auf
dem Trockenen.
17 Ich aber, siehe, ich verhärte das Herz Ägyptens,
und sie werden ihnen nachkommen,
und ich werde mich verherrlichen am Pharao,
an seiner ganzen Heeresmacht, seinen Kriegswagen
und seinen Wagenfahrern.
18 Die Ägypter sollen erkennen, dass ich der EWIGE bin,
wenn ich mich verherrliche am Pharao, seinen Kriegs-
wagen und seinen Wagenfahrern.

19 Der Bote Gottes, der vor dem Lager Israels herging, brach
auf und ging hinter sie, und die Wolkensäule vor ihnen
brach auf und stellte sich hinter sie.
20 Sie kam zwischen das Lager Ägyptens und das Lager
Israels.
Und es war da die Wolke (und Finsternis),
und sie machte licht die Nacht.
Keines kam dem anderen die ganze Nacht näher.
21 Mose streckte seine Hand über das Meer aus,
und der EWIGE ließ das Meer durch einen starken Ostwind
die ganze Nacht hindurch weggehen und machte das
Meer zu Trockenem, und die Wasser teilten sich.

22 Die Israeliten kamen mitten in das Meer auf dem Trockenen, und die Wasser waren ihnen eine Mauer rechts und links.
23 Und Ägypten: Sie jagten ihnen nach und kamen hinter ihnen her, alle Pferde des Pharao, seine Kriegswagen und seine Wagenfahrer, mitten ins Meer.

24 Und es geschah zur Morgenwache,
da blickte der EWIGE auf das Lager Ägyptens, durch die Säule von Feuer und Wolke,
und brachte das Lager Ägyptens in Verwirrung.
25 Er ließ abspringen das Rad ihrer Wagen und ließ sie nur schwer vorankommen.
Ägypten sagte:
> Ich will vor Israel fliehen,
> denn der EWIGE kämpft für sie – gegen Ägypten.

26 Der EWIGE sagte zu Mose:
> Streck deine Hand aus über das Meer,
> damit die Wasser zurückkehren über Ägypten,
> seine Kriegswagen und seine Wagenfahrer.

27 Mose streckte seine Hand über das Meer aus,
und das Meer kehrte gegen Morgen in sein Bett zurück,
und Ägypten floh ihm entgegen.
Der EWIGE schüttelte Ägypten mitten ins Meer.
28 Die Wasser kehrten zurück und bedeckten die Kriegswagen, die Wagenfahrer, die ganze Heeresmacht des Pharao,
die den Israeliten ins Meer nachgekommen war.
Nicht einer blieb von ihnen übrig.
29 Die Israeliten aber waren auf dem Trockenen inmitten des Meeres gegangen,
und die Wasser waren ihnen eine Mauer rechts und links.

30 Der EWIGE rettete an jenem Tag Israel aus der Hand Ägyptens.
Und Israel sah Ägypten tot am Ufer des Meeres.

31 Israel sah die große Hand, die der EWIGE an Ägypten erwiesen hatte,
und das Volk fürchtete den EWIGEN,
und sie vertrauten auf den EWIGEN und auf Mose, seinen Knecht.
15,1 Damals sangen Mose und die Israeliten dem EWIGEN dieses Lied.
Sie sagten:

Singen will ich dem EWIGEN,
denn hoch erhob er sich.
Pferd und Kriegswagen
warf er ins Meer.

## Auslegung

*Dem EWIGEN will ich singen,*
*machtvoll hat er sich kundgetan.*

Für viele, die die Osternacht mitfeiern, ist die jährliche Lesung aus dem Buch Exodus, die von der Rettung Israels am Schilfmeer erzählt, ein Stein des Anstoßes: Warum kann die Rettung nur geschehen, indem die Ägypter in den Fluten ertrinken? Wer die Lesung unvorbereitet hört, wird dazu neigen, sie als Kampf Israels gegen die Ägypter zu verstehen, an dessen Ende die unterlegene Partei grausam vernichtet wird, noch dazu mit Billigung und Unterstützung Gottes.

Bei sorgfältiger Lektüre erhält der Text ein ganz anderes Gesicht. Es geht nicht um einen Krieg „Israel gegen Ägypten". Das Machtverhältnis ist ganz asymmetrisch. Israel ist ein wehrloses, verschrecktes Flüchtlingsvolk aus Männern, Frauen und Kindern, die nichts anderes wollen, als dem Land der Unterdrückung und des Todes zu entfliehen. Ihnen steht die hochgerüstete Militärmacht Ägypten gegenüber. Der biblische Text markiert das sehr deutlich, die Ägypter werden als anonyme Größe dargestellt. Der Pharao hat keinen Namen, er ist ein gesichtsloser Funktionsträger der Macht. Unter ihm stehen, in einer Fülle von Formulierungen, seine Kriegsinstrumente: Streitwagen mit

Pferden, Wagenfahrern und Heer. Pferdegezogene Kriegswagen waren militärische Hochtechnologie des Alten Orients, ein wirksames Mittel, feindliche Soldaten zu überrollen – und hier wehrlose Flüchtlinge. Ägypten wird als Todesmacht inszeniert, als die Kraft, die mit geballter Energie unschuldiges Leben vernichten will. In der sprachlichen Stilisierung wird klar: „Ägypten" ist ein Symbol für lebensvernichtende Todesmacht.

Vor biblischem Hintergrund ist das offensichtlich; wer jedoch die Erzählung in die Gattung moderner Geschichtsschreibung einordnet, muss auf die falsche Fährte gelangen. Eine sprachliche Feinheit verstärkt diese Deutung: Fast nie heißt das Volk „die Ägypter", obwohl es in den deutschen Übersetzungen fälschlich so steht. Stattdessen ist die Rede von „Ägypten" als Kollektivsingular. Demgegenüber ist die Bezeichnung für „Israel" ausschließlich „die Israeliten" (hebr.: „Söhne Israel", die Nachkommen des Stammvaters Jakob/Israel) – eine Gruppe, die sich aus Individuen mit Familiengeschichte zusammensetzt. Wenn am Ende also „Ägypten" tot am Strand liegt, dann geht es nicht um vernichtete Individuen, sondern um das lebensfeindliche Prinzip schlechthin, die Chiffre für „Tod". Die literarische Codierung der Rettungserzählung ist unverzichtbarer Bestandteil ihrer Aussagegestalt. Erst die „Übersetzung" des Erzähltextes in ein Bild oder einen Film würde die Ambivalenz endgültig kippen lassen, weil die Symboldimension ausgeschaltet würde und Individuen den Ägyptern ihr Gesicht verleihen würden.

Das ist also die Lage der Flüchtlinge am Rand des Meeres: Für Israel gibt es keinen Ausweg. Vor ihnen der Tod durch das Wasser, hinter ihnen der Tod durch „Ägypten". Keine andere Möglichkeit. An dieser Stelle tritt Gott ins Spiel und verändert alles. Was tut er? Er schafft einen Weg, wo kein Weg ist. Er teilt das Meer. Rechts steht das Wasser des Todes, links steht das Wasser des Todes, und in der Mitte ist trockenes Land, ein Weg in die Freiheit. Gott tritt in die Welt und streitet für das Leben – gegen den Tod. Auch hier wird deutlich, dass es nicht um eine militärische Schlacht geht, sondern um das Wunder des Lebens, das den Tod besiegt. Die lebensfeindliche Macht geht im Chaos unter – wo sie hingehört.

Der schwierige Text ist leichter zu verstehen, wenn man (wenigstens) zwei zusätzliche Verse mitliest. „Der EWIGE wird für euch kämpfen, ihr aber bleibt still" (Ex 14,14). Gott kämpft, Israel tut nichts, es ist staunender, passiver Zeuge eines Wunders. Und dann heißt es auch: „So wie ihr Ägypten heute seht, so seht ihr sie nie wieder" (Ex 14,13). Durch diese beiden Verse wird das Entscheidende für das Verständnis des Erlösungsgeheimnisses ausgedrückt. Mit ihnen wird ganz klar, dass es sich bei dieser Erzählung nicht um ein Modell für künftige Kriegsführungen handelt, sondern um ein einzigartiges Ereignis, aus dem es ein für alle Mal zu lernen gilt: Gott ist der Gott des Lebens, und er rettet sein Volk aus dem Tod. Es ist zutiefst zu bedauern, dass bei der Neuausgabe des Lektionars der Lesungstext nicht um diese beiden Verse und den vorangehenden Ausruf der verzweifelten Israeliten ergänzt wurde. Am besten wäre es, mit Ex 14,5 zu beginnen.

Mit diesen Versen treten die Gottes- und Deutedimensionen des Geschehens nach vorn. *Ex 14 ist eine Rettungsgeschichte und ebenso eine Wundergeschichte.* Es geht um das größte aller Wunder: wie Gott in einer völlig aussichtslosen Lage die Todesmacht „Ägypten" in den Chaoswassern versinken lässt. *Die Erzählung ist keine Vorbereitung des Osterevangeliums, sondern ist selbst Evangelium.* Im Exsultet werden die Siege Gottes über den Tod in ein einziges Heute („Dies ist die Nacht") überführt: So ist unser Gott. Immer wieder tritt er dem Tod entgegen. Gott kämpft für sein Volk, weil er das Leben ist.

Eine weitere Sinndimension ist im Text enthalten, die ihn tiefer verstehen lässt. Denn die Erzählung von der Rettung Israels am Schilfmeer ist durch starke Signale mit der Schöpfungserzählung aus Gen 1 verbunden. Beide Male geht es um Licht und Finsternis, um todbringende Chaoswasser, die von Gott durch sein machtvolles Wort zurückgedrängt werden, so dass das „Trockene" hervortritt. Wenn man so, von Gen 1 her, liest, dann ist Ex 14 auch eine *Schöpfungsgeschichte.* Durch diese Bezüge zwischen der ersten und der dritten Lesung der Osternacht wird die Rettung Israels am Meer zu einem Schöpfungsgeschehen: Gott schafft sich sein Volk aus den Wassern des Todes. Gott vernichtet die Todesmacht, damit sein Volk leben kann. Gottes Licht erhellt diese Nacht.

Und auch als *Glaubens- und Bekehrungsgeschichte* kann Ex 14 gelesen werden. Am Anfang, als die Bedrohung groß wird, entsteht noch die Sehnsucht nach der Rückkehr in die vertraute Sicherheit der Sklaverei (vgl. Ex 14,12), erst am Ende zeigt sich das Vertrauen auf Gott (vgl. Ex 14,31). Angesichts der tödlichen Bedrohung sind die Selbstaufgabe und die Abwendung von Gott die natürliche Reaktion, die erst mit der Erfahrung der geschenkten Freiheit überwunden wird. Am Ende steht der Glaube als die dankbare Anerkennung geschenkter Freiheit: „Fürchtet euch nicht! Stellt euch hin und seht die Rettung des EWIGEN, die er heute für euch machen wird!"

Ex 14 ist schließlich als eine *Offenbarungsgeschichte* gestaltet: Israel wie die Ägypter sollen sehen, wer der EWIGE, der Gott Israels, ist. Diese Erkenntnis bedeutet für die Todesmacht den Tod und für die Unterdrückten das Leben.

Aber ein Anstoß bleibt: *Müssen die Ägypter sterben, damit Israel leben kann?* Der Tod muss vernichtet werden. Aber was ist mit den unschuldigen ägyptischen Soldaten? Die Problematik, dass Rettung aus äußerster Bedrohung oft nur durch den Tod derer möglich ist, die das Leben der Armen und Schwachen bedrohen, gehört zum dunklen Geheimnis des Leidens und der Erlösung. Dieses Problem spiegelt nicht nur modernes Empfinden wider. In der jüdischen Pessachfeier gibt es den Ritus, beim Vorlesen der zehn Plagen zehn Tropfen Wein zum Gedenken an den Tod der Ägypter zu versprengen. Eine alte jüdische Erklärung sagt dazu: „Gott hat nicht Gefallen am Tod der Sünder. Als sie die Vernichtung der Ägypter sahen, wollten die Engel einen Gesang anstimmen, aber Gott gebot ihnen Schweigen und sprach: ‚Das Werk meiner Hände ertrinkt im Meer, und ihr wollt singen!'" (Babylonischer Talmud, Megilla 10b/Sanhedrin 39b). Der Talmud klärt das Problem der gewaltsamen Vernichtung nicht, aber die Ägypter fallen aus Gottes Mitleid nicht heraus; alles andere bleibt im Herzen Gottes verborgen.

Dass der Weg in das Leben nicht am Tod vorbei, sondern durch ihn hindurch führt, ist vielleicht das tiefste Geheimnis der Osternacht, und es verbindet Altes und Neues Testament. Daher gehören alle diese Texte – die Rettung am Schilfmeer ebenso wie Begegnungen am leeren Grab – in die Osternacht hinein, denn sie alle sind Evangelium, Frohbotschaft von Ostern: Mitten im Tod rettet Gott und führt ins Leben hinein. In der Gottesdienstfeier der Osternacht verschränken sich die Perspektiven. Gott ist treu. Er hat das Volk Israel aus dem Untergang gerettet, und er hat seinen eingeborenen Sohn aus dem Tod auferweckt.

Die Exodus-Lesung der Osternacht und die Verkündigung von Leiden, Sterben und Auferstehen Jesu Christi sind zwei Seiten derselben Wirklichkeit. Der Glaube, mit dem Jesus Christus, der Sohn Israels, in sein Leiden und seinen Tod gegangen ist, ist der Glaube seines Volkes an die rettende Treue Gottes. Gott lässt der Macht des Todes nicht das letzte Wort. Die Botschaft des Mose an das Volk vor dem Wunder der Rettung besteht aus denselben Worten, die der Engel am leeren Grab sagt: „Fürchtet euch nicht!" (Ex 14,13; Mt 28,5).

Die Verbindung von Exodus und Auferstehung wird auch in der Feier der Taufe sichtbar: Das Wasser, von dem in der Lesung aus dem Buch Exodus die Rede ist, kommt nicht allein in den Worten vor, sondern ganz real; es ist das Taufwasser, das in jener Nacht gesegnet und über allen Gläubigen ausgesprengt wird. Das Wasser des Todes wird zum Wasser des Lebens. Genau so deutet Paulus im Römerbrief das Geschehen der Taufe. Und auch die Feuersäule, die das Volk Israel begleitet, die Israel von Ägypten und Tod von Leben trennt, findet ihren Ort in der gefeierten Liturgie. Es ist die Osterkerze, die für Jesus Christus steht, den Sieger über die Mächte des Todes. Die Kerze wird als leuchtende Säule den Gläubigen voran in die dunkle Kirche getragen, ihr Licht in die Runde der Feiernden verteilt. Die gesamte Feier steht im Licht der Gegenwart Gottes. Im Sakrament der Taufe erneuert Gott seine Zusage und schenkt jedem Getauften das Leben. Die Wasser der Taufe spülen durch Gottes Schöpfermacht den Tod hinweg und schenken dem Gottesvolk das Leben. Das geschah an Israel, das geschieht an uns.

## Unerschütterliche Treue

*Jes 54,4a.5–14 (Lektionar 54,5–14)*

[Der EWIGE spricht zu Jerusalem:]
*4a Fürchte dich nicht, du wirst nicht beschämt.*
5 Ja, dein Gemahl, das ist der Schöpfer.
Der EWIGE der Heerscharen ist sein Name.
Und dein Erlöser ist der Heilige Israels,
Gott der ganzen Erde wird er genannt.
6 Ja, wie eine entlassene Frau,
eine im Innern gekränkte, hat dich der EWIGE gerufen.
Kann man denn die Frau der Jugend verstoßen?
– spricht dein Gott.

7 Einen kleinen Augenblick habe ich dich verlassen,
aber mit großem Erbarmen werde ich dich sammeln.
8 Im aufwallenden Zorn habe ich verborgen
einen Augenblick mein Gesicht vor dir,
aber mit ewiger Zuwendung
werde ich mich deiner erbarmen
– spricht dein Erlöser, der EWIGE.

9 Denn wie bei den Wassern Noachs gilt es für mich,
als ich schwor, dass die Wasser Noachs nie mehr die Erde überfluten sollten,
so schwöre ich hiermit,
dir nicht zu zürnen und dich nicht zu schelten.
10 Wenn auch die Berge weichen und die Hügel wanken,
meine Zuwendung wird nicht von dir weichen,
und mein Bund des Friedens wird nicht wanken
– spricht dein Erbarmer, der EWIGE.

11 Du Gebeugte, vom Sturm Gepeitschte, Ungetröstete!
Siehe, ich lege aus Malachit dein Fundament
und deine Grundmauern aus Saphiren.

12 Ich mache aus Rubinen deine Zinnen
und deine Tore aus Beryll
und deine ganze Umfassung aus Edelsteinen.
13 Und alle deine Kinder werden vom EWIGEN Belehrte sein,
und groß ist der Friede deiner Kinder.
14 Auf Gerechtigkeit wirst du gegründet sein,
fern von Bedrängnis, denn du wirst dich nicht fürchten,
und von Schrecken, denn er wird dir nicht nahen.

## Auslegung

*EWIGER, du zogst mich empor aus der Tiefe,*
*ich will dich rühmen in Ewigkeit.*

Mit der Lesung aus Jes 54 erklingt in der Osternacht ein ganz neuer Ton. Einschließlich der feierlichen Schöpfungserzählung waren die bisherigen Lesungen alle in der Gattung der Erzählung gehalten. Nun aber wird in prophetischer Sprache geredet, in einer Sprache voller Bilder. Und doch gibt es viele Verbindungen zu den bisherigen Lesungen.

*Gott selbst meldet sich zu Wort.* In der Schöpfungserzählung hatte er schon sein lebenspendendes Wort in die Welt hineingesprochen: „Es werde Licht." Abraham hatte er die Verheißung geschenkt, dass aus ihm ein großes Gottesvolk hervorgehen wird. Und nun redet er selbst durch den Mund des Propheten Jesaja das Gottesvolk an und schenkt ihm seine Verheißung. Konkret angesprochen ist Zion-Jerusalem. Hier treten in der Bildsprache verschiedene Erfahrungsbereiche zusammen: Die Stadt Jerusalem ist ein geographischer Ort, ein architektonisches Gebilde, zudem aber wird sie wie eine Frau angesprochen, denn „Zion" ist in biblischem Sprachgebrauch auch eine Figur, eine Personifikation ihrer Einwohnerschaft. „Frau Zion" ist eine Verbildlichung, ganz ähnlich wie man im Christentum von der „Mutter Kirche" spricht. Emotionen und Erfahrungen schwingen immer mit.

Jerusalem hat viel mitmachen müssen. Die Stadt hat erleben müssen, wie sie von fremden Mächten erobert und zerstört wurde und wie ihre Kinder ins Exil vertrieben wurden. Nun meldet sich Gott durch den Propheten zu Wort und tröstet sie liebevoll und verheißt ihr Zukunft. Er nennt sie seine Braut und die Liebe seiner Jugend. Das ist ein kühnes Bild: Gott als Bräutigam und Frau Zion als Braut – ein Liebespaar. So innig drückt die Bibel die Liebe Gottes zu seinem Volk aus, das in der Gestalt „Zion" ist. Das Adventslied „Tochter Zion, freue dich" zeigt an, wie sehr die biblische Bildsprache bis in die christliche Tradition weitergewirkt hat.

Die Geschichte, die Gott mit Zion begonnen hat, wird er nicht abbrechen. Nur eine Weile hat er sich zurückgezogen, aber für immer gilt seine Zuwendung. Das Exil wird als Gottverlassenheit gedeutet, die aber „nur eine kleine Weile" dauert, denn Gottes Erbarmen führt ihn zu Israel zurück. Immer wieder thematisieren die Propheten die erschütternde und froh machende Einsicht, dass Gott sein Volk nicht verlassen kann: „Wie könnte ich denn!" – so scheint Gott immer wieder in seinem Herzen zu sprechen.

Israels erschütternde Erfahrung des Babylonischen Exils und der Überwindung der Not, gedeutet mit Mitteln der Ehe-Metaphorik als Beziehungsdrama: Diese Bildwelt ist vielfältig angereichert durch andere Vorstellungen, bis sie schließlich in Vers 11 in die Rede von der personifizierten Stadt umschlägt. Den aktiven Part übernimmt Gott, der sich ab- und wieder zuwendet. Von Gott geht die Initiative aus zur Wiederherstellung des Eheverhältnisses als einer Beziehung des Friedens und Glücks und der Dauer. Die beiden Jesaja-Lesungen in der Osternacht sind so etwas wie Zwillingstexte, welche die Vision der Heimführung des exilierten Gottesvolkes von zwei Seiten aus entfalten: Gott wendet sich Israel wieder zu, und Israel ist aufgefordert, sich an Gott – und an niemanden sonst – zu halten.

Hört man diese Lesung in der Osternacht, so klingen bei den Heilszusagen Gottes ganz konkrete Texte mit. Dass Gott Schöpfer und Herr der ganzen Erde ist, erklang schon in der ersten Lesung. Hier nun bekommt die Aussage einen politischen Aspekt: Er ist auch Herr über alle Völker und setzt den Gefährdungen seines geliebten Volkes ein Ende. Und fest wie die Welt wird sein Bund des Friedens stehen. Die Anspielung auf die Tage Noachs und die Flut fügt sich auch in den österlichen Rahmen ein. Nachdem die Wasser der Flut das Böse hinweggespült hatten, errichtete Gott seinen Bund mit der Menschheit und versprach, dass nie wieder eine Sintflut kommen werde. Selbst wenn die Menschen sich weiter verfehlen sollten – Gott bleibt ihnen treu, er kann nicht anders. Das hat er versprochen, und daran erinnert er in seiner Trostrede an Jerusalem. Seine Liebe und seine Zuwendung wanken nicht, sie stehen fest gegründet wie die Erde selbst. *Von alters her hat die Kirche in der Sintfluterzählung ein Sinnbild der Taufe gesehen,* und auch in der Taufwasserweihe wird sie erwähnt: „denn das Wasser brachte der Sünde den Untergang und heiligem Leben neuen Anfang". Und damit bringen die biblischen Lesungen eine entscheidende Perspektive ein.

Liest man das Auferstehungsevangelium isoliert für sich, so könnte man auf den Gedanken kommen, dass es um die Auferweckung Jesu als ein einzelnes Ereignis geht, um den Sohn Gottes als den einen einzigen vom Tod auferstandenen Menschen. Die biblischen Lesungen der nächtlichen Liturgie holen von Anfang an den weiten Horizont ein: *Es geht um die Rettung des gesamten Gottesvolkes.* „Wie in Adam alle sterben, werden in Christus alle lebendig gemacht werden" (1 Kor 15,22). Diese Perspektive geht aus den Auferstehungserzählungen nicht so deutlich hervor, sie bildet aber den Rahmen der gesamten Osterfeier von Anfang an: Gott überwindet die Mächte des Todes und führt sein Volk in das Leben.

## Eine neue Welt
*Jes 55,1–11*

1 Auf!
Alle Durstigen, geht zum Wasser!
Auch wer kein Geld hat – geht, kauft und esst!
Geht, kauft ohne Geld
und ohne Kaufpreis Wein und Milch!
2 Wozu wiegt ihr Geld ab für das, was kein Brot ist,
euren Verdienst für das, was nicht sättigt?
Hört, hört auf mich und esst das Gute,
labt euch am Fetten!
3 Neigt euer Ohr und geht zu mir!
Hört, und ihr werdet leben!

Ich will mit euch einen ewigen Bund schließen,
gemäß den unverbrüchlichen Gnadenerweisen an David.
4 Siehe, als Zeugen für die Nationen habe ich ihn gegeben,
zum Fürsten und Gebieter für die Nationen.
5 Siehe, du wirst ein Volk rufen, das du nicht kennst,
und ein Volk, das dich nicht kannte, wird zu dir laufen
des EWIGEN, deines Gottes, wegen,
des Heiligen Israels, denn er hat dich geschmückt.

6 Sucht den EWIGEN, da er sich finden lässt,
ruft ihn an, da er nahe ist!
7 Es verlasse der Gottlose seinen Weg,
der Mann der Bosheit seine Vorhaben,
und er kehre um zum EWIGEN,
und er wird sich seiner erbarmen,
zu unserem Gott,
denn er ist reich an Vergeben.
8 Ja, meine Vorhaben sind nicht eure Vorhaben
und eure Wege nicht meine Wege.
Spruch des EWIGEN.

9 Ja, so viel höher der Himmel über der Erde ist,
so viel höher sind meine Wege über euren Wegen
und meine Vorhaben über euren Vorhaben.

10 Ja, wie der Regen fällt
und der Schnee vom Himmel
und dorthin nicht zurückkehrt,
sondern die Erde tränkt
und sie befruchtet und sprießen lässt,
so dass sie Samen gibt dem Säenden
und Brot dem Essenden,
11 so geschieht es mit meinem Wort,
das aus meinem Munde hervorgeht:
Es wird nicht fruchtleer zu mir zurückkehren,
sondern es wird tun, wonach es mich verlangt,
und es wird gelingen lassen, wozu ich es sandte.

## Auslegung

*Ihr werdet Wasser schöpfen voll Freude*
*aus den Quellen des Heils.*

Wie die vorangehende vierte lebt auch die fünfte Lesung der Osternacht von den ansprechenden und stimulierenden Bildern, die sich zu einer eigenen poetischen Welt fügen: die Einladung des freigebigen und treuen Gottes, die das Leben von der Last der Vergeblichkeit befreit und dem Leben neuen Sinn verleiht. Alles scheint möglich, wenn dieses Angebot verlässlich ist. Alles umsonst! Was euch leben lässt, wird euch geschenkt. Schaut euch um, bedenkt, wofür ihr eure Kräfte und Mittel einsetzt!

Wer Sprecher und wer Adressat der marktschreierischen Aufforderung der ersten Verse ist, wird nicht ganz klar. Wahrscheinlich ist es Gott selbst, der einlädt. Angesprochen sind die „Diener des Ewigen", von denen in Jes 54,17 die Rede ist. Es ergeht die Einladung zu einem üppigen Festmahl. In der Bibel ist es sonst öfter „Frau Weisheit", die eine solche Einladung ausspricht (vgl. Spr 9,1–12; Sir 24,19–22).

Das Ziel der Einladung ist hier wie dort kein geringes, es ist das Leben. Der Einladung zu folgen, heißt konkret: umzukehren, den sinnlosen Weg zu verlassen, sich nicht mehr vergeblich zu bemühen. Gott hat alles bereitet als Gastgeber, der die Eingeladenen „sich erbarmend und vergebend" aufnimmt.

Aber es kommt noch besser! Zum biblisch tief verankerten Bild Gottes als des Gastgebers (vgl. Ps 23 und die Praxis Jesu) kommt die theologische Bildsprache des Bundes hinzu: Gott will das Verhältnis zu Israel auf eine neue, unerschütterliche Grundlage („ewiger Bund") stellen. Dafür gibt es ein Muster: Gottes Gnadenerweise an David (vgl. 2 Sam 7). Dieses Entgegenkommen Gottes gilt jetzt allerdings allen, das einstige Privileg des Königs David wird demokratisiert und auf jedes Mitglied des Gottesvolkes übertragen. Davids klassische Rollen als „Zeuge", „Fürst" und „Gebieter" gelten nun für Israel insgesamt in der Gemeinschaft der Nationen. Das Königtum ist in Israel mit dem Babylonischen Exil im 6. Jahrhundert v. Chr. ans Ende gekommen, Gottes Verheißungen jedoch gehen nicht unter. Der Schöpfergott und Weltkönig ist der Heilige Israels. Er sagt sich diesem Israel in der misslichen Lage des Exils zu, weist ihm die Rolle des Gotteszeugen vor der Welt zu und lässt es teilhaben an seiner Herrlichkeit. Die Heiden werden kommen, um in der herrlichen Gottesstadt den EWIGEN zu finden.

Vers 6 nimmt die Einladung von Vers 1 wieder auf. Wie konkret die Aufforderungen zu verstehen sind (Rückkehr in die Heimat oder Wallfahrt zum Zion), muss offenbleiben. Die Möglichkeit der Umkehr wird durch die Vergebungsbereitschaft Gottes eröffnet. Wo Vergebung gewährt wird, können die eigenen dunklen Seiten angenommen werden. Das ist die Herzmitte des neuen und ewigen Bundes: Gottes Treue zu seinem erwählten Volk, aus der Vergebung und Neuanfang erwachsen, ein Vorgriff auf die siebte Lesung. Gottes Parteilichkeit für das Leben und die Zukunft Israels ist überraschend, unerfindlich und nicht ableitbar, denn Gott ist anders. Gerade weil er nicht nach menschlichen Mustern reagiert, kann er vergeben und schöpferisch Zukunft eröffnen. Wie viel Lebenschance und wie viel „Beziehungsreichtum“ stecken in dem einen Wort vom „vergebungsreichen Gott“ (V. 7)!

Die letzten Verse des Textes verschieben noch einmal den Blick: Jetzt geht es um die Wirksamkeit des Wortes Gottes. Gott ist anders, es gibt einen „himmelweiten“ Unterschied zwischen den Wegen und Gedanken der Menschen und den Wegen und Vorhaben Gottes. Gottes Wort, das von grundlos geschenkter Fülle, von Vergebung und Neuwerden spricht, verändert die Welt. Wenn schon menschliche Ideen Welten bewegen können, wie viel mehr dann erst ein Wort, das von Anfang an das Licht, das Leben, das Gute will. Die Wiederherstellung Israels, seine Erlösung und die Erfüllung der Verheißungen sind Wirkungen des Wortes Gottes. Gott, der Schöpfer, wirkt, was er sagt.

So unterstreicht die fünfte Lesung der Osternacht, welcher Gott es ist, der Jesus nicht im Tod gelassen hat. In dieser Nacht wird die Taufe gefeiert: Es kommen die, welche die unerwartete Einladung schon gehört haben. Mag sein, dass sie von weither kommen, aus der Ratlosigkeit, der Vergeblichkeit, der Verzweiflung – einfach von den vielen notvollen Rändern dieser Welt. Die Einladung ist ergangen!

## Weisheit - Weg des Lebens

*Bar 3,9–4,4 (Lektionar 3,9–15.32–4,4)*

3,9 Höre, Israel,
die Gebote des Lebens!
Merkt auf – um Einsicht zu erkennen!

10 Wie kommt es, Israel, dass du im Land der Feinde bist,
alt geworden im fremden Land,
11 unrein geworden, den Toten gleich,
wurdest denen in der Unterwelt zugezählt?
12 Du hast die Quelle der Weisheit verlassen.
13 Wärest du auf dem Weg Gottes gegangen,
wohntest du in Frieden auf ewig.

14 Lerne, wo Einsicht ist,
wo Stärke ist, wo Klugheit ist,
dann erkennst du zugleich,
wo langes Dasein und Leben ist,
wo Licht der Augen ist und Frieden!

15 Wer fand ihren Ort,
wer drang vor zu ihren Schätzen?

*16 Wo sind die Gebieter der Völker*
*und die Herrscher über die Tiere der Erde,*
*17 die mit den Vögeln des Himmels spielten*
*und Silber anhäuften und Gold, worauf die Menschen vertrauen*
*– und es gibt keine Grenze ihres Besitzes –,*
*18 die auf Silber aus sind und sich sorgen,*
*und ihre Werke sind nicht zu ergründen?*
*19 Verschwunden sind sie und zur Unterwelt hinabgestiegen,*
*und andere sind an ihre Stelle getreten.*
*20 Nachkommende sahen Licht und wohnten auf der Erde,*
*den Weg zur Erkenntnis erkannten sie nicht,*

21 *nicht verstanden sie ihre Pfade, erfassten sie nicht,*
*ihre Söhne blieben ihrem Weg fern.*
22 *Nicht hörte man von ihr in Kanaan,*
*nicht erschien sie in Teman.*
23 *Auch die Söhne Hagars, die die Klugheit suchen auf Erden,*
*die Kaufleute von Midian und Teman,*
*die Fabeldichter und die Sucher nach Klugheit,*
*den Weg der Weisheit erkannten sie nicht,*
*und nicht bedachten sie ihre Pfade.*
24 *O Israel, wie groß ist das Haus Gottes*
*und wie weit das Gebiet seines Besitzes!*
25 *Groß und es hat kein Ende,*
*hoch und unermesslich!*
26 *Dort wurden die Riesen geboren, die berühmten, die der Urzeit,*
*hoch an Wuchs, kundig des Kampfes.*
27 *Nicht diese hat Gott erwählt*
*und den Weg der Erkenntnis ihnen nicht gegeben.*
28 *Und sie kamen um, weil sie keine Einsicht hatten,*
*kamen um wegen ihrer Torheit.*
29 *Wer ist zum Himmel hinaufgestiegen und nahm sie*
*und brachte sie aus den Wolken?*
30 *Wer ist über das Meer hinausgefahren und fand sie*
*und brachte sie für lauteres Gold?*

31 *Niemand ist da, der ihren Weg kennt*
*und den Pfad zu ihr bemerkt.*
32 Doch der, der alles weiß, erkennt sie,
er hat sie ergründet durch seine Klugheit.
Der die Erde geschaffen hat für ewige Zeit,
hat sie erfüllt mit vierfüßigen Tieren.
33 Der das Licht aussendet, und es eilt dahin,
er hat es gerufen, und es gehorchte ihm mit Zittern.
34 Die Sterne aber leuchteten auf ihren Wachen
und freuten sich,
35 er rief sie, und sie sprachen: Hier sind wir.
Sie leuchteten mit Freude dem, der sie gemacht hat.

36 Das ist unser Gott,
kein anderer wird ihm gleich erachtet.
37 Er hat den ganzen Weg der Einsicht ergründet
und gab sie Jakob, seinem Knecht,
und Israel, seinem Liebling.
38 Dann erschien sie auf der Erde,
und unter den Menschen hielt sie sich auf.
4,1 Sie ist das Buch der Satzungen Gottes
und das Gesetz, das ewig Bestand hat.
Alle, die an ihr festhalten, finden zum Leben,
die sie aber verlassen, sterben dahin.

2 Kehr um, Jakob, und ergreife sie,
geh deinen Weg zum Glanz ihres Lichts!
3 Gib deine Herrlichkeit nicht einem anderen
und dein Vorrecht keinem fremden Volk!
4 Selig sind wir, Israel,
denn was Gott gefällt, ist uns erkennbar.

## Auslegung

*EWIGER, du hast Worte des ewigen Lebens.*

Selbstlob ist nicht sehr fein. „Wir wissen, was Gott gefällt" – dieser Satz ist gefährlich. Er klingt nach Macht und Herrschaft. Und sicherlich wurde er schon oft im Namen der Religion gebraucht, um andere Menschen in die Spur zu bringen. Die österliche Lesung aus dem Buch Baruch scheint genauso zu enden, dazu noch mit der Selbstrühmung „Glücklich sind wir, das Volk Israel". Wie viele Kriege sind im Namen vermeintlich überlegener Religionen geführt worden!

Dabei hatte schon die Exodus-Lesung deutlich gemacht, dass es beim österlichen Wunder nicht um einen Sieg über die Feinde geht, sondern um Gottes Rettungshandeln an seinem Volk, das er aus dem Tod herausgeholt hat. Und die österliche Lesung aus dem Buch Baruch klingt nur bei oberflächlicher Lektüre überheblich. In Wirklichkeit geht es um die uralte Suche der Menschheit nach Weisheit und Erkenntnis. Wie kann das Leben gelingen? Die Grundbotschaft des Buches ist: Es gibt die Weisheit, jedoch ist sie nicht leicht zu finden. Die Weisheit ist nicht überall greifbar, sie ist nur an ganz besonderen Orten anzutreffen. Schon viele haben sich auf den Weg zu ihr gemacht. Gerade die gekürzten Verse der Lesung (hier im Text kursiv gesetzt) schildern diesen Weg der Suche von Völkern und Philosophen. Es ist schade, dass dieser Weg der Suche der gesamten Menschheit durch die ausgelassenen Verse einfach abgekürzt wird. Denn gerade die Osterevangelien sind durchzogen vom Motiv des Suchens und des Findens, sie handeln vom Suchen und vom falschen und rechten Finden. Mit „Wen sucht ihr?" (Joh 18,4) beginnt die Passion, und sie endet mit der Frage des Boten am Grab: „Was sucht ihr den Lebendigen bei den Toten?" (Lk 24,5). Diese Frage wendet den Blick der Trauernden dorthin, wo das Leben zu finden ist. *Gott will sich finden lassen und wartet auf die, die ihn suchen.*

Dem Buch Baruch geht es um eine ganz ähnliche Kenntnis: Aus eigener Kraft kann niemand die Leben schenkende Erkenntnis für sich gewinnen, denn nur einer ist im Besitz der Weisheit: Gott selbst. Er muss Weisheit schenken, und er hat es getan. Das Loblied auf die Weisheit bekennt, dass Gott sich auf zweifache Weise geschenkt hat. Die Freude am Leben aus Gen 1 scheint hier wieder auf. Schon indem Gott die Welt erschaffen hat, hat er ihr eine lebensfreundliche Ordnung gegeben und seine Liebe in sie hineingeschenkt. Wer die Schöpfung lesen kann, für den wird sie auf Gott hin durchsichtig. Und dann hat er sich seinem Volk Israel offenbart, es aus dem Tod gerettet und ihm seine Weisung zum Leben gegeben. Die Weisheit Gottes ist in Gestalt der Tora auf die Erde gekommen, so dass Israel sie tun kann. Wer erkannt hat und wem es in der eigenen Existenz aufgegangen ist, dass das eigene Leben ein Geschenk von Gott ist, der wird selbst lebensfreundlich leben. Paulus nennt das „in der Wirklichkeit des neuen Lebens wandeln" (Röm 6,4).

Die sechste Lesung der Osternacht erzählt wie die vorangehenden Lesungen eine *Rettungsgeschichte: Gottes Einsatz zur*

*Bewahrung seines erwählten Volkes vor dem Tod.* Man kann die Lesung aus dem Buch Baruch als ein Innehalten, als Philosophie, als Nachdenken in der Feier der Osternacht verstehen. Die Feier der Taufe ist nicht Abschluss eines Weges, sondern Neuanfang. Die erzählenden Lesungen, angefangen mit den Schöpfungserzählungen bis hin zum Osterevangelium, deuten das, was Gott getan hat, indem sie erzählen. Das reißt mit und nimmt die Hörenden gefangen. Die Baruch-Lesung, genau wie der Paulustext aus dem Römerbrief, halten inne und denken nach: Was bedeutet das, was wir feiern – nicht nur als Ereignis, sondern für uns selbst? Wie leben wir es, dass Gott sich uns gezeigt und uns in sein Leben hineingeholt hat? Welche Konsequenzen ergeben sich daraus?

Der Jubelruf am Ende der Lesung ist keine Überheblichkeit, sondern reine Freude darüber, dass dem Gottesvolk Erkenntnis offensteht. Es geht nicht um Überlegenheit, sondern dass es gewürdigt wurde, Gott und seine Taten überhaupt erkennen zu dürfen. In Zeiten, wo wir sehen, dass Glaube keine Selbstverständlichkeit ist, erweist diese Aussage ihre Aktualität. „Beseligt sind wir" heißt auch: So wollen wir leben.

## Neu geboren

*Ez 36,16–17a.18–28*

16 Das Wort des EWIGEN erging an mich:

17a Menschensohn,
als das Haus Israel auf seinem Erdboden wohnte,
verunreinigten sie ihn durch ihren Weg und ihre Taten.
18 Ich goss meinen Grimm über sie aus wegen des Blutes,
das sie über das Land gegossen hatten,
und weil sie es mit ihren Götzen verunreinigt hatten.
19 Und ich versprengte sie unter die Völker,
und sie wurden in die Länder zerstreut;
nach ihrem Weg und nach ihren Taten richtete ich sie.
20 Sie kamen zu den Völkern,
aber wohin sie kamen, entweihten sie meinen heiligen Namen,
indem man von ihnen sagte:
Das Volk des EWIGEN sind sie,
aber aus seinem Land sind sie hinausgezogen.

21 Und mir tat es leid wegen meines heiligen Namens,
den das Haus Israel entweihte, wohin sie kamen.

22 Darum sprich zum Haus Israel:
So spricht der Herr, der EWIGE:
Nicht euretwegen handle ich, Haus Israel,
sondern meines heiligen Namens wegen,
den ihr bei den Völkern entweiht habt,
wohin ihr gekommen seid.
23 Ich werde heiligen meinen großen,
bei den Völkern entweihten Namen,
den ihr mitten unter ihnen entweiht habt.
Und die Völker werden erkennen,
dass ich der EWIGE bin – Spruch des Herrn, des EWIGEN –,

wenn ich mich an euch vor ihren Augen als heilig erweise.

24 Ich werde euch nehmen von den Völkern
und euch sammeln aus allen Ländern
und euch zu eurem Erdboden bringen.
25 Und ich werde über euch reines Wasser sprengen
und euch von all eurer Unreinheit reinigen,
und von all euren Götzen werde ich euch reinigen.
26 Ich werde euch ein neues Herz geben,
und einen neuen Geist werde ich in euer Inneres geben.
Ich werde das Herz von Stein aus eurem Fleisch entfernen
und werde euch ein Herz von Fleisch geben.
27 Meinen Geist gebe ich in euer Inneres,
und ich werde machen, dass ihr in meinen Satzungen geht
und meine Vorschriften beachtet und sie tut.

28 Und ihr werdet in dem Land wohnen,
das ich euren Vätern gegeben habe.
Und ihr werdet mein Volk sein,
und ich werde euer Gott sein.

## Auslegung

*Ein reines Herz erschaffe mir, o Gott,*
*und gib mir einen neuen, beständigen Geist!*

Was feiern wir am Osterfest? Die Antwort scheint klar zu sein: die Auferweckung des am Kreuz hingerichteten Jesus von Nazaret. Die siebte und letzte der alttestamentlichen Lesungen der Osternacht legt allerdings noch eine andere, eine ungewohnte Antwort nahe: Es geht an Ostern um die Glaubwürdigkeit Gottes. Es geht um seinen guten Namen, also um Gottes „Ehrenrettung".

Die letzte der vier Prophetenlesungen nimmt das Thema der Erneuerung des Gottesvolkes, das aufgrund eigener Schuld im Exil in Babylon ist, wieder auf. Sie entwirft ein großartiges Bild der grundlegenden Erneuerung des Gottesverhältnisses, damit ein Leben in der Zukunft Gottes möglich wird, das nicht mehr durch Gottferne und Tod gefährdet ist. Daran ist Gott zuinnerst gelegen, weil er seinen „guten Namen" erhalten möchte.

Die Gottesrede setzt mit dem Rückblick auf Israels verfahrene Situation ein, in die das Volk geraten ist, weil es sich vom Weg Gottes abgewandt hat. Ergebnis des Gerichtes sind der Verlust des Landes und die Zerstreuung unter die Völker. Das Problem wird im Zitat der Völker deutlich: Die Zerstreuten verkörpern sichtbar die Diskrepanz zwischen der göttlichen Verheißung für Israel und seiner tatsächlichen Lage. Nicht nur das Volk befindet sich in einer misslichen Situation, sondern damit steht die Glaubwürdigkeit des Gottes Israels vor den Völkern auf dem Spiel. Für diese ist die Situation des Volkes der sichtbare Beweis der Ohnmacht des Gottes Israels gegenüber den anderen Völkern und ihren Göttern. Israels Krise ist also eine Gotteskrise mit internationalem Horizont.

Dabei hatte Gott es ganz anders mit seinem Volk vorgehabt: Israels Gemeinschaft mit seinem Gott und die Heiligung seines Namens durch getreue Erfüllung seines Willens sollten weltweit ein Zeugnis für die Leben schaffende Kraft der Erwählung geben – und auf diese Weise eine neue Gotteserkenntnis begründen. Statt Heiligung nun Entweihung, statt weltweiter Gotteserkenntnis nun weltweiter Hohn über einen ohnmächtigen Gott.

Diese Herausforderung zwingt den Gott Israels zur Änderung der gegenwärtigen Situation. Die Beziehung zwischen ihm und seinem Volk muss auf eine neue Basis gestellt werden. Der Neuanfang für Israel hat seinen Grund allein in der Treue Gottes zu sich selbst:

„Nicht euretwegen handle ich, Haus Israel,
sondern meines heiligen Namens wegen …
Ich werde heiligen meinen großen,
bei den Völkern entweihten Namen …"
(Ez 36,22–23)

Das schroff, ja befremdlich klingende Gotteswort belässt Gott die Initiative zur Überwindung der Krise. Von einer Umkehr Israels ist nicht die Rede, Gott selbst ist die verlässliche Basis für die Wende. Der Neuanfang vollzieht sich in drei Schritten:

Im ersten Schritt wird Israel wie damals beim Exodus aus Ägypten aus der Gewalt der Völker befreit, aus der Zerstreuung eingesammelt und in sein Land gebracht.

Im zweiten Schritt wird Israel kultisch gereinigt, sein Sündenmakel beseitigt. Mit beiden Schritten wäre der frühere Zustand vor der Katastrophe wiederhergestellt. Gott geht aber jetzt noch viel weiter.

Das Neue erfolgt in einem dritten Schritt: In einer Doppelaussage ist von der Neuschöpfung Israels die Rede; das Herz aus Stein, das unfähig war, zu hören und zu begreifen, wird ersetzt durch ein lebendiges Herz aus Fleisch. Mit anderen Worten: Gott gibt seinen Geist in das Innere der Israeliten. Gott schenkt nicht sowohl ein neues Herz als auch einen neuen (seinen) Geist, sondern die Aussage vom Herzen wird durch die Aussage vom Geist verdeutlicht. „Herz" und „Geist" erklären sich gegenseitig und werden sogar gleichgesetzt. Der Geist ist wie das Herz das Willens- und Aktionszentrum des Menschen.

In dichter bildhafter Form wird ausgedrückt, dass Gott Israel so nahe kommt und es in seinem Innersten so verwandelt, dass er selbst zur alles bestimmenden Mitte seines Volkes wird. Vergleichbar ist der Galaterbrief, in dem es wörtlich heißt: „Ich lebe, aber nicht mehr ich, es lebt in mir Christus" (Gal 2,20). Wenn dies geschieht, wird Israel tun, was Gott will. Im Bild vom „reinen Wasser" fließen förmlich die biblischen Aussagen zur positiven, Leben schaffenden und heilsamen Bedeutung des Wassers zusammen: Gen 1; Psalm 23; Psalm 104; der auf diese siebte Lesung folgende Psalm 42, aber auch die große Ezechielvision in Kapitel 47 von der Tempelquelle, auf die sich der Gesang zur Tauferneuerung bezieht.

Das Alte Testament drückt die von Gott ausgehende völlige Erneuerung der Gottesbeziehung an verschiedenen Stellen mit unterschiedlichen, aber verwandten Bildern aus. In Jer 31 wird sie mit einem anderen „Neuheits-Terminus" als „der neue Bund" bezeichnet: Das ist die von Gott völlig veränderte Qualität der Beziehung zu seinem Volk. Der „neue Bund" ist kein weiterer, zusätzlicher Bund, sondern ein qualitativer Neuanfang. Dieser bringt die ursprüngliche Bundesabsicht erst ganz und ungestört zur Geltung. Dtn 30 bringt das Bild von der „Beschneidung des Herzens". Das Bundeszeichen der Beschneidung (Gen 17) wird so verinnerlicht, dass sich nichts mehr zwischen Gott und sein Volk schieben und die Beziehung stören kann.

Diese Veränderung, von der die großen Propheten und das Buch Deuteronomium sprechen, ist endgültig und lässt kein Auseinanderdriften von Gott und seinem Volk mehr zu. Jetzt ist durch das geschichtliche Auf und Ab hindurch das eingeholt, was die wirkungsvoll an den Schluss der Ezechiel-Lesung gestellte Bundesformel festhält: „Ihr – mein Volk, ich – euer Gott." Im Abschnitt, der bei Ezechiel der ausgewählten Lesung folgt, wird der neue Zustand Israels als Aufenthalt im „Garten Eden" beschrieben. Es schließt sich der Kreis der sieben Lesungen: Die Schöpfung am Anfang (erste Lesung der Osternacht) und die Neuschöpfung am Ende zielen auf das Gleiche: auf Gottes unverlierbare Nähe bei seinem Volk, auf wahrhaft paradiesische Zustände.

Es mag merkwürdig erscheinen, dass in der Osternacht nicht die große Auferstehungsvision aus Ez 37 gelesen wird: Das ist die überaus plastische Vision vom Totenfeld voller Gebeine, die zu neuem Leben erweckt werden. Diese Lesung kommt dennoch im Osterfestkreis vor – und zwar als dritte Lesung in der Vigil von Pfingsten, der Vollendung der fünfzigtägigen Osterzeit.

Die letzte alttestamentliche Lesung der Osternacht nimmt mit dem Stichwort vom „neuen Geist" Pfingsten schon vorweg – und die Pfingstvigil nimmt das Thema der Auferweckung wieder auf. Das ist die Logik der Liturgie! Ihr geht es nie darum, alles der Reihe nach – wie wir es mit unserem oft sehr nüchternen Verstand sehen – zu entwickeln, sondern immer die Fülle zur Anschauung zu bringen.

Im Bild vom neu geschenkten Geist und Wasser wird die grundlegende Symbolik der Taufe wachgerufen. Von der Sache her wäre jetzt in der Osternachtfeier die Tauffeier angezeigt (vgl. dazu auch unten die Anregungen „Die Vigil neu entdecken"). Nach der seit der Liturgiereform vorgesehenen Ordnung wird die Nachtwache sozusagen unterbrochen und es beginnt der Wortgottesdienst der Messfeier in gewohnter Form mit Gloria, Tagesgebet und Lesungsteil. Mit der Lesung aus dem Römerbrief wird jedoch das Tauftheme fortgeführt und ausdrücklich mit Tod und Auferweckung Jesu verbunden.

# Das Alte Testament, die christliche Osterfeier und die Würde Israels

## Über Zeit, Erinnerung und Erlösung

*Georg Steins*

Die alttestamentlichen Lesungen und die Gebete der Osternacht, aber auch viele andere Texte des österlichen Triduums wie die Fürbitten am Karfreitag sprechen immer wieder vom erwählten Gottesvolk Israel, von seiner unverlierbaren Würde. Die Geheimnisse von Sterben, Tod und Auferweckung Jesu, des Gesalbten Israels, sind ohne diesen Bezug gar nicht sagbar und verstehbar.

Die beiden Lesungen aus dem Buch Jesaja reden von der göttlich verbürgten Würde Israels. Es gab in der 2000-jährigen Geschichte des Christentums immer wieder Versuche, dem Volk Abrahams und Saras diese Auszeichnung abzusprechen. Dagegen erinnern die Texte der Osternacht unmissverständlich und unumstößlich daran, dass „Israel das Gottesvolk des nie gekündigten Bundes" (so Johannes Paul II. 1980 in Mainz) ist. Die Kirche tritt nicht „als Volk des Neuen Bundes" an die Stelle Israels. Seit dem Zweiten Vatikanischen Konzil hat die Kirche diese „Substitutionstheologie", die so viel Leid über das Volk Israel gebracht hat, „zu dem Gott, unser Herr, zuerst gesprochen hat" (so in der sechsten Fürbitte vom Karfreitag), als irrig verworfen.

Die Osternacht ist der Ort im Kirchenjahr, an dem diese Wahrheit wie nirgendwo sonst aufscheint. „Wegen des Heiligen Israels, denn er macht dich (Israel!) herrlich" (Jes 60,9) – je tiefer dieses Geheimnis der göttlichen Erwählung erfasst und von Christinnen und Christen dankbar gefeiert wird, desto deutlicher sind sie Zeugen des Gottes Israels, den sie als Gott und Vater Jesu Christi vor den Völkern bekennen.

Liturgisch wird alles Handeln Gottes an seinem erwählten Volk in diese eine Nacht hineingenommen. Über allem steht der wiederholte Ruf *„Dies* ist die Nacht ...". Diese Zeit-Ansage ist eine Einweisung in den Sinn der heiligen Feier. Hier erlebt man einen Umgang mit der Zeit, der sich vom gewohnten absetzt. Zeit verläuft nicht einfach, sie wird gleichsam versammelt und in ihrer Fülle zur Sprache gebracht. Liturgie lebt von *diesem* Zeitverständnis, das sich vom alltäglichen, in dem alles der Reihe nach geht, so gänzlich unterscheidet. Wir erfahren diese andere Art von Zeit in Momenten des Glücks und der Trauer, im Fest: Zeit wird anders, voller, dichter.

Die Vorstellung einer Aufwärtsbewegung verfehlt diese liturgische Eigenheit. Die Theologie hat dafür das alte Wort „Eingedenken" bewahrt; es ist gleichbedeutend mit „Anamnese" oder „Vergegenwärtigung". Dabei geht es nicht um ein Spiel der Erinnerung („so war das früher"), sondern um das Aufbrechen der alles verschlingenden Zeit in ihrem unerbittlichen Verlauf in das Heute Gottes hinein.

Wenn also in den Texten der Osternacht von „Israel" gesprochen wird, ist damit nicht allein historisch eine Frühphase der Heilsgeschichte gemeint. „Israel", das erwählte Volk Gottes, war und ist und bleibt die Konkretion, der geschichtlich identifizierbare, ja der greifbare Erweis von Gottes schöpferischer Macht und liebend vergebender Treue: „Gott, deine uralten Wunder leuchten noch in unseren Tagen", heißt es entsprechend im Gebet nach der Exodus-Lesung, das dann „von der Würde des auserwählten Volkes" spricht. Der lateinische Text ist noch deutlicher: Er redet von der *israelitica dignitas,* der „Dignität Israels", die Gott geschenkt hat und nicht zurücknimmt.

Nur so – im Eingedenken des Gottes Israels – darf und kann die christliche Gemeinde in dieser Nacht im Exsultet jubeln: „Dies ist die Nacht, die unsere (!) Väter, die Söhne Israels, aus

Ägypten befreit und auf trockenem Pfad durch die Fluten des Roten Meeres geführt hat ... Dies ist die Nacht, die auf der ganzen Erde alle, die an Christus glauben, scheidet von den Lastern der Welt, dem Elend der Sünde entreißt, ins Reich der Gnade heimführt und einfügt in die heilige Kirche."

Nach biblischem Verständnis hängt die Anschaulichkeit und die Verständlichkeit der Rede von Gott nicht zuerst an ihrer philosophischen Genauigkeit und Schlüssigkeit. Biblisch wird Gott „definiert" durch die Befreiungsgeschichte einer benennbaren Gruppe von Menschen und durch die Stiftung eines neuen hoffnungsvollen Anfangs inmitten der Völkerwelt – gewissermaßen einer „antiägyptischen" Art von Gesellschaft. Beides gehört zusammen: die Befreiung und die neue Gesellschaft. Von beidem spricht die Bibel, von beidem singt das Exsultet. Der Wille Gottes hat nicht dies oder das zum Inhalt. All das, was Israel am Sinai als Gotteswille erfährt, dient dem einen Ziel: der Formung einer neuen Art von Gesellschaft. Das ist ein klares Kriterium für alle Glaubensgemeinschaften in der Tradition des biblischen Israel. Sind sie in ihrer Andersartigkeit und befreienden Neuheit so erkennbar, dass andere sagen: „Da wollen wir hin!"? Fassen die anderen die Glaubenden am Arm und verlangen sie: „Wir wollen mit euch gehen, denn wir haben gehört, Gott ist bei euch!" (Sach 8,23)? Diese Frage stellt das Alte Testament immer auch an die Kirche.

Biblische Gottesrede ist nicht von der gesellschaftlichen Konkretion ablösbar; sie zielt auf eine neue, eine österliche befreite Gesellschaft. Wo dies dennoch geschieht, dort wird das Heil spiritualisiert und individualisiert. Beides – die Spiritualisierung, die „Ent-Körperlichung", und die Individualisierung, die „Ent-Gesellschaftlichung" – macht die Rede von „Gott" unverständlich und unwahr. Gottes Bedeutung für das gemeinsam geteilte Leben wird so weder erfahrbar noch mitteilbar. Hier haben Christinnen und Christen in der Wiederentdeckung der alttestamentlichen Profilierung der Gottesrede viel zu lernen. Die Erinnerung dieser „verlorenen Dimension des Christentums" (Norbert Lohfink) hat gerade erst begonnen – und sie verspricht noch tiefgreifende Veränderungen im christlichen Selbstverständnis.

Die Christusbotschaft ist nicht gegen das Alte Testament und gegen die Würde Israels zu predigen. Alles kommt vielmehr darauf an, das Handeln Gottes an seinem Volk anzuerkennen, zu dem die Kirche (das ist die Gemeinschaft derer, die allein durch Christus Anteil haben an den Verheißungen Gottes für Abraham) in einer geheimnisvollen Beziehung steht. Christliche Theologie hat nach Joseph Ratzinger (Die Vielfalt der Religionen und der Eine Bund, Hagen 1998) unverrückbar festzuhalten, „dass es keinen Zugang zu Jesus und damit kein Eintreten der Völker in das Volk Gottes geben kann ohne das gläubige Annehmen der Offenbarung Gottes, der in den Heiligen Schriften spricht, welche die Christen Altes Testament nennen". Gottes Bund mit den Erzeltern wird nicht aufgehoben, sondern bleibt „ewig gültig".

Die Päpstliche Bibelkommission hat 2001 zu diesem geschichtlich so belasteten und theologisch nicht leicht zu beschreibenden Verhältnis zwischen Judentum und Christentum erklärt: „Das Heil, das er (Jesus Christus) durch sein Ostergeheimnis gebracht hat, ist an erster Stelle den Israeliten zugedacht. Wie es schon das Alte Testament voraussah, hat dieses Heil auch universelle Auswirkungen. Es wird auch den Heiden angeboten. Tatsächlich ist es von vielen von ihnen angenommen worden, so dass sie die große Mehrheit der Jünger Christi wurden. Doch die von den Heidenvölkern gekommenen Christen erlangen das Heil nur dadurch, dass sie durch ihren Glauben an den Messias Israels der Nachkommenschaft Abrahams eingegliedert werden (Gal 3,7.29). Viele von den ‚Völkern' gekommene Christen sind sich nicht genügend bewusst, dass sie von sich aus ‚wilde Schösslinge' waren und dass sie ihr Glaube an Christus dem von Gott erwählten Ölbaum eingepfropft hat (Röm 11,17–18)."

Ostern trennt daher nicht die Christenheit von Israel, sondern feiert die Hoffnung der „Väter und Mütter Israels", den Segen, der durch das Volk Abrahams und Saras allen Völkern des Erdbodens geschenkt werden soll, wie auch der Schluss der zweiten Lesung in der Osternacht bekräftigt.

# Die neutestamentliche Lesung

*Egbert Ballhorn*

## Wie Christus, so auch wir

*Röm 6,3–11*

3 Oder wisst ihr nicht,
dass alle, die wir auf Christus Jesus hin getauft wurden,
auf seinen Tod hin getauft sind?
4 Begraben wurden wir also mit ihm
durch die Taufe in den Tod,
damit,
wie Christus von den Toten auferweckt ward
durch die Lebensmacht des Vaters,
auch wir im Neuen des Lebens den Weg gehen.

5 Denn:
Sind wir schon miteingepflanzt
in das Gleichbild seines Todes,
so werden wir es auch in das seiner Auferstehung sein.

6 Dies erkennen wir nun:
Unser alter Mensch ward mitgekreuzigt,
damit der Leib der Sünde abgetan würde,
so dass wir nicht mehr der Sünde verknechtet sind.
7 Der Gestorbene ist ja gerecht gesprochen
von der Sünde.

8 Wenn wir nun gestorben sind mit dem Messias,
so glauben wir,
dass wir auch leben werden mit ihm.

9 Da wir wissen, dass Christus, auferweckt von den Toten,
nicht mehr stirbt,
der Tod über ihn nicht mehr herrscht,
10 denn was er gestorben ist, ist er gestorben für die Sünde
ein für alle Mal,
was er aber lebt, lebt er für Gott.
11 So auch ihr:
Begreift euch als tot für die Sünde,
aber als Lebendige für Gott,
in Christus Jesus!

## Auslegung

Die Lesung aus dem Römerbrief hat es nicht leicht im Rahmen der Feiergestalt der Osternacht. Sprachlich ist sie der am schwierigsten zu verfolgende Text. Und schon allein in formaler Hinsicht gehört sie nicht in den Vigilteil mit den alttestamentlichen Lesungen hinein, sondern ist Bestandteil des Wortgottesdienstes der Eucharistiefeier. Zwar gibt es keinen formellen Abschluss, anhand dessen man das Ende der Vigil erkennen könnte, dafür findet jedoch ein Wechsel der Struktur statt. Statt der vielfach wiederholten Abfolge Lesung – Psalm – Oration folgen nämlich wie beim klassischen Wortgottesdienst der Eucharistiefeier Gloria, Tagesgebet, Apostelbrieflesung, Halleluja und Evangelium aufeinander.

Leider erfährt die Lesung aus dem Römerbrief im Gottesdienst zumeist wenig Aufmerksamkeit, was wahrscheinlich daran liegt, dass die vorangehenden alttestamentlichen Lesungen mit farbigen Bildern arbeiten und großteils in erzählender Form gehalten sind und es daher leichter fällt, ihnen zu folgen. Der Römerbrief muss demgegenüber auf den ersten Blick fast

„blass“ erscheinen, zumal noch das vorangehende feierliche Gloria und das folgende österliche Halleluja alle emotionale Aufmerksamkeit auf sich ziehen. Und schließlich ist der Paulustext auch in seiner Satzstruktur und Aussagenlogik beim ersten Anhören kaum zu erfassen. Daher versucht die obige graphische Gestaltung, die Argumentation ein wenig wiederzugeben. Anders als bei den sonstigen Lesungen in diesem Arbeitsbuch sind also hier die eingerückten Passagen nicht als wörtliche Rede zu deuten.

Dennoch kann man *die Römerbrief-Lesung als ein geheimes Zentrum der Osterliturgie* betrachten, denn sie fasst deutend noch einmal das ganze Heilsgeschehen zusammen, das in der Osternacht gefeiert wird und das in der Taufe als dem existenziellen Vollzug schlechthin gipfelt. Paulus zeigt uns den inneren Zusammenhang der Geschichte Gottes mit seinem Volk als Rettungsgeschehen und dem sakramentalen Vollzug der Taufe auf. Alles, was Gott in der Vergangenheit zugunsten der Menschen gewirkt hat, seine liebevolle Erschaffung der Welt, die Errettung seines erwählten Volkes Israel von der Todesbedrohung durch Unterdrückung und Sünde, das alles kulminiert im Erlösungshandeln Jesu Christi und gipfelt in Tod und Auferweckung seines Sohnes. Dies feiern wir in der Taufe. Denn Taufe heißt: eingetaucht werden in die Wirklichkeit des Todes Christi, herausgeholt werden aus dem Wasser in das neue, unvergängliche Leben, das Gott uns schenkt. Ostern gibt es nicht allein in einer Zuschauerperspektive, wo man von außen, beobachtend, auf ein ungewöhnliches Ereignis blickt. Ostern gibt es nur in der Beteiligtenperspektive. Wir schauen Ostern nicht allein an, sondern das von Gott neu geschaffene Leben berührt auch uns, es verändert uns und macht uns von Todesmenschen zu Lebensmenschen.

*Taufe bedeutet Zuwendung des Ostergeheimnisses.* Daher bleibt Ostern nicht Vergangenheit, an die wir uns sehnsuchtsvoll erinnern, sondern wird in der Taufe für uns Gegenwart. Die Römerbrief-Lesung ist kein „Geschehenstext“, sondern ein Deutetext, sie erklärt uns, was in dieser Nacht an den Täuflingen geschieht.

Die Auferstehung Christi ist kein Damals, sondern wird zum Heute, das sich vollzieht. Und die Taufe ist die Verknüpfung zwischen „damals" und „heute" einerseits und zwischen „er" und „ich" andererseits.

Christus ist nicht allein seinen Tod gestorben, sondern unseren Tod: den Tod der Krankheit und den Tod der Einsamkeit, den jähen Unfalltod und den Tod nach langem Leben, den Tod des kleinen Kindes und den Tod in der Mitte des Lebens. Und wie er unseren Tod gestorben ist, so ist seine Auferstehung unsere Hoffnung auf Auferstehung. Paulus macht uns dies deutlich, indem er in dieser Textpassage ständig die Abfolge „wie Christus" – „so auch wir" wiederkehren lässt.

Das Bild, das Paulus vom Menschen zeichnet, ist realistisch: Jeder Mensch ist durch seine Existenz in einen Schuldzusammenhang verstrickt, dem er nicht entkommen kann.

Der Mensch kann gar nicht anders, er ist immer in einen Zusammenhang hineingestellt, der sein eigenes Wesen verneint, ein Geflecht von Abhängigkeiten und Widersprüchen, das die Sünde ist. Daraus gibt es keinen Ausweg, erst mit dem Tod endet es. Hier ist eine Sackgasse, aus der es kein Entkommen zu geben scheint. Und doch sind wir daraus gerettet. Gerade darin besteht für Paulus unsere Hoffnung: Indem wir durch die Taufe in Christus hineingetauft wurden, hat dieser Tod schon seine Wirksamkeit an uns erwiesen, aber in einem durch und durch positiven Sinne, denn nun sind wir aus diesem Geflecht befreit. Indem Christus gestorben ist, sind wir mit ihm gestorben, und damit ist durch ihn alles gestorben, was auch in uns lebensfeindlich ist. Ein solcher Tod bedeutet Leben.

Die Taufe stellt daher einen radikalen Herrschaftswechsel dar: Von einem Geschöpf, das der Welt des Todes unterworfen ist, wird der Mensch zu einem neuen Wesen, das am Leben Gottes teilhat. Natürlich werden wir auch weiterhin immer wieder sündigen (müssen), aber grundsätzlich gehört unser Leben durch die Taufe bereits endgültig in den Bereich Gottes, in den Bereich der Liebe und des Lebens hinein. Letztlich bleibt der getaufte Mensch sein Leben lang im Übergangszustand der Taufe und damit im Paradox des Glaubens: Wir sind bereits getauft, wir sind durch Christus bereits der Todesmacht entrissen, die immer noch unser Leben prägt, und doch warten wir auf die endgültige Durchsetzung dieses Lebens. Gottes Versprechen steht aber fest: Der Tod hat keine Macht mehr über uns. Für unsere Zukunft gilt: „Wir glauben, dass wir mit Christus leben werden" (Röm 6,8). Für unsere Gegenwart gilt: „... dass wir uns als Lebendige begreifen, als Lebendige für Gott" (Röm 6,11). Darum feiern wir jedes Jahr Ostern, auf dass wir uns immer wieder neu dieser Zusage erinnern und lernen, ihr zu trauen. Dies ist die Verheißung, die über der Feier der Osternacht liegt: die Osternacht verlassen und sich als Lebendige begreifen.

# Das österliche Halleluja

*Egbert Ballhorn*

„Hallelu-Jah!" heißt übersetzt: „Preist JHWH!" / „Preist den EWIGEN!" Die Psalmen sind voll davon, dieser Jubelruf ist Antwort des Menschen auf Gottes mächtiges Heilshandeln.

Jene unvergleichliche Melodie, die wir in der Osternacht singen, will nach Ausweis der Notation der alten gregorianischen Choralmelodie (die nur in dieser einen Feier der Osternacht gesungen wird!) nicht einfach aus voller Kehle und triumphal geschmettert werden, vielmehr beginnt sie ganz verhalten und geradezu zögerlich, setzt stockend noch einmal ein und dann ein weiteres Mal, ehe sie sich zum kurzen Jubilus aufschwingt, um dann aber doch wieder ganz sanft und vorsichtig zu landen. Dieser Aufstieg der Melodie kann noch durch das dreifache Singen in steigender Tonhöhe unterstützt werden. Singend muss die Seele den Aufstieg zu Gott mit Hilfe des geschenkten Lebensatems einüben.

Es ist der Atem, der dem österlichen Halleluja seine Kraft gibt. Die Melodie ist eigentlich nur eine Modulation des Atems. Im biblischen Hebräisch ist das Wort für „Kehle" und „Seele" identisch. „Lobe den EWIGEN, meine Seele" (Ps 103,1; 104,1; vgl. Lk 1,46) kann genauso gut mit „Lobe den EWIGEN, meine Kehle" übersetzt werden. Die Kehle ist der Ort des Lebens im Körper, durch sie fließt der Lebensatem, den Gott dem Menschen eingehaucht hat (vgl. Gen 2,7). Zu atmen, zu leben und Gott zu loben ist eine einzige Bewegung. Das österliche Halleluja ist Ausdruck dieses Zusammenhangs.

Das Halleluja rahmt in der Osternacht ausgewählte Verse aus Psalm 118. Dieser Psalm hat eine doppelte Bedeutung, er ist nämlich krönender Abschluss der sogenannten Hallel-Psalmen, die die Juden bei ihrem jährlichen Pessachfest zum Gedenken an die machtvollen Gottestaten des Exodus singen (Ps 113–118). Zugleich hat dieser Psalm in jüdischer und christlicher Auslegungstradition einen stark messianischen Charakter, was insbesondere aus Vers 26 zu erkennen ist: „Gesegnet sei, der da kommt im Namen des Ewigen." So ist es nicht verwunderlich, dass das Matthäusevangelium den Einzug Christi in Jerusalem mit diesen Psalmversen begleitet (Mt 21,9; vgl. 23,39). Im Zuge der christlichen Tradition erhalten dann auch die beiden anderen Verse „Ich werde nicht sterben, sondern leben" und „Der Stein, den die Bauleute verwarfen, ist zum Eckstein geworden" eine zusätzliche spezifisch christologisch-österliche Bedeutung (vgl. Mt 21,42; Apg 4,11; 1 Petr 2,7).

Man könnte daher *das österliche Halleluja samt dem Psalm als ein eigenes kleines Osterfest ansehen*: Es ist durch seine Textgestalt Feier der befreienden Großtaten Gottes an seinem erwählten Volk Israel, es ist auch Feier des österlichen Geheimnisses der Auferweckung Jesu Christi. Und zugleich kommen hier die aktuelle individuelle und die gemeindliche Dimension ins Spiel, denn jeder Einzelne und die ganze Gemeinde miteinander, sie singen diesen Jubelruf.

Zugleich ist das Halleluja von seiner Sprachgestalt her ein wechselseitiger Aufruf der Gläubigen untereinander: „Preist den Ewigen!" Lob Gottes steckt an und bildet Gemeinschaft.

Dieses österliche Halleluja in seiner überlieferten Form stellt ein kostbares Geschenk des Glaubens dar. In seinem Vollzug ist es ein noch fassungsloses Am-leeren-Grab-Stehen, verbunden mit der sich im Singen bestätigenden Ahnung, dass hier eine neue Wirklichkeit beginnt, die wahrhaft trägt. Viele Generationen von Gläubigen, die jetzt schon bei Gott sind, haben dieses Osterlied gesungen.

Wer diese Melodie auch nur einmal im Leben gesungen hat, ist der Welt des Todes entrissen und hat bereits begonnen, wenn auch mit Zittern und Zagen, mit geschenkten Worten Heimat in der neuen Welt des Lichtes und des Friedens zu nehmen.

## Zikadenstunde

mich aber
dürstet nicht
mich hungert nicht
ich geh
nie mehr
zugrund
ich singe

*Doris Runge*
*(du also. Gedichte. © 2003 Deutsche Verlags-Anstalt, München, in der Verlagsgruppe Random House GmbH)*

# Die Evangelien der Osternacht

*Egbert Ballhorn*

## Verwandelte Menschen, verwandelte Welt

*Mt 28,1–10*

1 Aber spät am Sabbat,
in der Dämmerung des ersten Wochentages,
kamen Maria Magdalena und die andere Maria,
um das Grab zu besehen.
2 Und siehe,
da geschah ein großes Erdbeben;
denn ein Bote des Herrn kam aus dem Himmel herab,
trat hinzu,
wälzte den Stein weg
und setzte sich darauf.
3 Sein Ansehen aber war wie der Blitz
und sein Kleid weiß wie Schnee.
4 Aber aus Furcht vor ihm bebten die Wächter
und wurden wie Tote.
5 Der Bote aber begann und sprach zu den Frauen:
Fürchtet euch nicht,
denn ich weiß, dass ihr Jesus, den Gekreuzigten, sucht!
6 Er ist nicht hier,
denn er wurde auferweckt,
wie er gesagt hat.
Kommt her,
seht die Stätte, wo der Herr gelegen hat,

7 und geht schnell hin
und sagt seinen Jüngern, dass er von den Toten
auferstanden ist!
Und siehe,
er geht vor euch hin nach Galiläa,
dort werdet ihr ihn sehen.
Siehe,
ich habe es euch gesagt.
8 Und sie gingen schnell von der Gruft weg
mit Furcht und großer Freude
und rannten, es seinen Jüngern zu verkünden.
9 Als sie aber hingingen, es seinen Jüngern zu verkünden,
siehe,
da kam Jesus ihnen entgegen und sprach:
Freut euch!
Sie aber traten heran, umfassten seine Füße
und warfen sich nieder.
10 Da spricht Jesus zu ihnen:
Fürchtet euch nicht!
Geht hin, verkündet meinen Brüdern,
dass sie nach Galiläa gehen!
Und dort werden sie mich sehen.

## Auslegung

Das Osterevangelium des Matthäus ist in äußerer Hinsicht das spektakulärste. Die Frauen, die das Grab aufsuchen wollen, treffen nicht allein auf einen Gottesboten, der bereits dort ist und auf sie wartet, sondern schauen ein Geschehen, das eigentlich kaum mit Mitteln der menschlichen Welt wie ein Tatsachenbericht geschildert werden kann, weil es nicht von dieser Welt ist: Der Bote des Herrn steigt vom Himmel herab und wälzt den Stein fort. Es geht dabei nicht allein um die damalige Beerdigungspraxis, die Grabhöhle mit einem Rollstein zu verschließen, sondern um ganz anderes. *Der Stein ist vielmehr das Monument des*

*Todes*, er ist selbst Zeichen für das Tote, Starre und Unbewegliche. In Mt 27,66 war der versiegelte Stein noch als Zeichen des sicheren und endgültigen Todes in die Erzählung eingeführt worden. Diesen Stein nun *wälzt der Gottesbote mit spielerischer Leichtigkeit beiseite*. Dass er sich dann noch darauf setzt wie auf einen Thron, zeigt an, dass Gott Sieger über den Tod ist.

Schon im Buch Ezechiel ist der Stein das Sinnbild des Verhärteten und des Toten, und Gott verheißt seinem Volk, ihm das Herz von Stein zu nehmen und ihm ein Herz von Fleisch zu geben (Ez 36,26). Hier im Osterevangelium geschieht ganz Ähnliches: Der Stein des Todes wird beiseitegerollt, damit der Sieg des Lebens sichtbar wird. Todeswelt und Lebenswelt werden gegeneinander ausgetauscht. Darum heißt es, dass die Wächter aus Furcht „wie Tote" werden. Sie wollen den Toten und sein Totsein sichern und gehören daher zur Welt des Todes. Die Frauen aber, die kommen, um das Grab zu besehen, werden zu Zeuginnen des Lebens. Sie werfen noch einen kurzen Blick auf die Stelle des Todes, die aber zu einer leeren Stelle geworden ist, verlassen dann diese Grabeswelt, um selbst zu Botinnen des Lebendigen zu werden. Und hier erst, bei der Umkehr vom Grab, mitten in der Welt der Lebenden, kommt ihnen der Auferweckte entgegen. Christus wartet nicht im Grab auf sie, sondern nachdem sie sich schon aufgemacht haben, um die Botschaft des Lebens weiterzutragen, begegnen sie ihm unterwegs auf eine Weise, dass sie ihn „fassen" können.

Gerade indem sich die Frauen auf die Botschaft des Lebens einlassen, erfahren sie, dass sie trägt, dass der, den sie bezeugen, aus der Welt des Todes in die Welt des Lebens gegangen ist. *Die Osterbotschaft aber bleibt nicht bei denen allein, die sie erfahren haben, sondern wird zum Auftrag*, der an die anderen Jünger weiterzugeben ist. Auch sie werden den vom Tode Auferweckten erfahren – ebenfalls nicht am Grab, sondern in Galiläa, am Ort seiner lebendigen Lehre und seines Wirkens.

Es gibt in der Bibel eine durchgehende Tradition des „Tages des EWIGEN". Dies ist der Tag, an dem Gott endgültig seine Herrschaft über die Welt ausübt und für Recht und Gerechtigkeit sorgt. Dies bedeutet eine Umkehrung und Umwälzung der gesamten Welt, es bedeutet auch Gericht über Unrecht und Gewalt, zugleich aber Lebenshoffnung für alle Opfer von Gewalt. Die prophetischen Bücher der Bibel sind voll davon, aber auch die zentrale Verkündigung Jesu vom kommenden Gericht ist in diesen Umkreis einzuordnen. Die Frohbotschaft des Matthäusevangeliums lautet: Dieser Tag des göttlichen Herrschaftsantritts hat sich mit Tod und Auferweckung Jesu Christi vollzogen. Gerade die ungewöhnlichen und überraschenden Elemente des Matthäusevangeliums können uns auf diese Spur bringen. Der „Tag des EWIGEN" ist nach biblischer Vorstellung immer von außergewöhnlichen kosmischen Erscheinungen begleitet. „An jenem Tag – Spruch des Herrn, des EWIGEN – lasse ich am Mittag die Sonne untergehen und breite am helllichten Tag über die Erde Finsternis aus" (Am 8,9).

So ist auch die Finsternis, die bei der Kreuzigung Jesu unerwartet mitten am Tag einsetzt, nicht einfach ein meteorologisches Ereignis, sondern ein Bedeutungszeichen, dass dieser „Tag des EWIGEN" nun eingesetzt hat. Dazu gehört auch die ungewöhnliche Aussage, die sich nur im Matthäusevangelium findet, dass die Erde beim Tod Jesu bebt (vgl. Sach 14,5). Ein Erdbeben war zuvor von Jesus in seiner großen Endzeitrede angekündigt worden (Mt 24,7). Dass es nun stattfindet, zeigt an, dass diese Endzeit unwiderruflich begonnen hat. Das außergewöhnlichste Ereignis wird jedoch meist „überlesen"; es heißt nämlich beim Tod Jesu: „und viele Leiber der entschlafenen Heiligen wurden auferweckt; und sie gingen nach seiner Auferweckung aus den Grüften und gingen in die Heilige Stadt und erschienen vielen" (Mt 27,52–53). An diesem Ereignis zeigt sich, dass der Tod Jesu bereits die Heilswende vom Tod zum Leben bedeutet, und dies nicht für Jesus allein, sondern für die Verstorbenen generell. Tod und machtvolle Auferweckung vom Tode gehören zusammen. Wie Gott an seinem Sohn gewirkt hat, so wirkt er an allen Menschen und holt sie aus der Welt des Todes heraus. Das Erdbeben beim Tod Jesu und bei der Erscheinung des himmlischen Boten ist ein äußeres Zeichen dafür, dass durch dieses Geschehen *die todesverfallene Welt buchstäblich in ihren Grundfesten erschüttert* wird. Auch die Furcht der Frauen ist ein (angemessenes) Zeichen dieser Erschütterung. Im Osterevangelium des Matthäus bleibt nichts unverändert und nichts unerschüttert: Der Stein wird weggerollt, die ganze Erde erbebt. Dies ist das Zeichen für den fundamentalen Umschwung in der Welt. Auch die Wächter erbeben, aber nur als Hinweis auf ihre Ohnmacht. Die Furcht der Frauen dagegen wird fruchtbar, denn sie verlassen sogleich auf das Wort des Lebens hin die Todeswelt und werden selbst zu Verkündigerinnen der Frohbotschaft. Wie viel Kraft die Frauen erhalten haben, erkennt man aus ihren Bewegungen. Zu Anfang kamen sie noch, um das Grab zu besehen, also für eine statische Aktion. Aber nach der Begegnung sind sie zu neuen Menschen geworden, und sie rennen, um die Osterbotschaft weiterzugeben. „Die aber, die dem EWIGEN vertrauen, schöpfen neue Kraft, sie bekommen Flügel wie Adler. Sie laufen und werden nicht müde, sie gehen und werden nicht matt" (Jes 40,31).

Bei aller kräftigen Bildlichkeit bleibt die matthäische Ostererzählung überraschend diskret. Die Auferstehung Christi selbst wird nicht geschildert. Als der Bote erscheint, ist die Auferstehung schon längst geschehen. Der Stein wird von dem bereits leeren Grab weggerollt. Auch dies ist eine Botschaft: Das genaue Wie der Auferweckung Christi ist ohne Belang, es bleibt Gottes Geheimnis allein. Wichtig ist aber dem Evangelisten, die Folgen der Auferstehung zu verstehen und die Verwandlung der Welt und der Menschen durch dieses Ereignis zu zeigen. Denn dies ist vielleicht einer der schönsten Namen für Ostern: Verwandlung der Welt.

## Erschüttert vom neuen Leben

*Mk 16,1–8 (Lektionar 16,1–7)*

1 Und beim Zuendegehen des Sabbats
kauften Maria aus Magdala, Maria des Jakobus Mutter
und Salome Duftkräuter,
damit kommend sie ihn salbten.
2 Und in aller Frühe, am ersten Tag der Woche,
kommen sie zum Grab,
als die Sonne aufgegangen war.
3 Und sie sagten zueinander:
Wer wird uns wegwälzen den Stein
vom Tor des Grabes?
4 Und aufblickend schauen sie: weggewälzt der Stein.
Er war nämlich sehr groß.
5 Und hineinkommend in das Grab sahen sie
einen jungen Mann
sitzend zur Rechten,
umkleidet mit einem weißen Gewand,
und sie entsetzten sich.
6 Er aber sagt zu ihnen:
Entsetzt euch nicht!
Jesus sucht ihr,
den Nazarener,
den Gekreuzigten.
Auferweckt ist er.
Er ist nicht hier.
Siehe: der Ort, wo sie ihn hingelegt haben.
7 Doch geht fort!
Sagt seinen Jüngern und Petrus:
Er geht euch voran nach Galiläa.
Dort werdet ihr ihn sehen,
wie er euch gesagt hat.
*8 Und herausgehend*
*flohen sie aus dem Grab.*
*Es hatte sie Zittern und Außersichsein ergriffen.*

*Und zu niemandem sagten sie etwas,*
*denn sie fürchteten sich.*

## Auslegung

„Denn sie fürchteten sich." Mit diesem verstörenden Satz endet das Osterevangelium nach Markus. Am Ende herrschen nicht überbordende Freude und reiner Osterjubel, sondern Furcht und Zittern. Aber das Erschrecken der Frauen ist vor dem Hintergrund des gesamten Markusevangeliums nicht einfach als verweigerte oder unmögliche Osterfreude zu verstehen, sondern hat eine ganz andere, tiefere Bedeutung. Das „Außersichsein" (gr. ékstasis) kommt im selben Evangelium nur noch an einer einzigen anderen Stelle vor, und zwar als Reaktion der anwesenden Zeugen auf die Auferweckung der Tochter des Jaïrus vom Tod (Mk 5,42). Die Botschaft ist klar: Auf die Überwindung des Todes durch die Schöpfermacht Gottes, die sich in Jesu Wirken zeigt, gibt es eigentlich keine angemessene Reaktion, die man aus seinem sonstigen Verhalten zur Verfügung haben könnte. Ein solches Ereignis ist so einzigartig, dass uns alle Kategorien des Begreifens abhandenkommen müssen, dass uns regelrecht der Boden unter den Füßen weggezogen wird. Hier gilt keine der Gesetzmäßigkeiten mehr, die sonst unseren Alltag prägen. Selbst für die Freude ist es noch viel zu früh. Die anderen Worte weisen in dieselbe Richtung. Das Zittern kommt nur dieses eine Mal vor (Mk 16,8), dagegen die Furcht sehr häufig, und zwar zum ersten Mal als Reaktion der Jünger auf die Stillung des Seesturms (Mk 4,41). Jene Perikope endet genauso unerwartet-eigenartig wie die Ostererzählung, nämlich nicht mit einem beglückten Glaubensbekenntnis zu Jesus als Retter, sondern vielmehr in der fassungslosen Frage: „Wer ist denn dieser, dass auch Wind und Meer ihm gehorchen?" (Mk 4,41). Gerade diese offene Frage zeigt, worum es geht: nicht allein um ein Bekenntnis, in dem festgestellt wird, was fraglos und selbstverständlich gültig zu sein scheint, sondern darum, nach diesem Ereignis nicht mehr so weiterleben zu können wie bisher. Die offene Frage zeigt, dass die Jünger verstanden haben, dass sie jetzt ihren Glauben und ihr Leben völlig neu fassen müssen, dass bei ihnen nichts mehr bleiben wird, wie es war.

Gerade bei Markus ist es das tiefste Geheimnis des Glaubens, dass ein legitimes Bekenntnis zu Jesus als dem Retter und Messias nicht einfach mit dem Mund gesprochen werden kann, sondern eine Nachfolge in die tiefsten Tiefen der eigenen Existenz nach sich ziehen muss. Daher verbietet Jesus im Markusevangelium ein Messiasbekenntnis, das Lippenbekenntnis ist, aber nicht die Bereitschaft zur eigenen Kreuzesnachfolge in sich beschließt. Erkenntnis Jesu Christi heißt, sich selbst von seinem Tod betreffen zu lassen, aber dann schließlich auch, wie die Ostererzählung zeigt, in seine Auferstehung hineingenommen zu werden. Furcht, Zittern und Außersichsein am leeren Grab sprechen also eine deutliche Sprache. Die Frauen zeigen damit, dass sie anfangen, die Tiefe und Tragweite des Geschehens zu begreifen. Sie sehen und erkennen also wirklich eine tiefere Wirklichkeit als allein ein leeres Grab oder nur den Boten; sie spüren auch die Botschaft und dass ab jetzt ihr Leben ein ganz anderes sein wird. Dieses *Staunen ist daher nicht als fassungslose Reaktion, sondern als Beginn existenziellen Begreifens zu sehen.* Und wie Auferweckung vom Tod den ganzen Menschen mit Leib und Seele meint, so ist auch die österliche „Ekstase“ *ein Widerfahrnis, das Seele und Körper erschüttert.* Es geht nicht allein um ein Zuschauen bei einem außergewöhnlichen Ereignis, sondern um vollständiges eigenes Betroffenwerden von diesem Geheimnis.

Leider wurde der „staunenswerte“ Abschlussvers des Evangeliums (V. 8) bei einer früheren Neuausgabe des Lektionars gestrichen, während er zuvor Bestandteil des Osterevangeliums war. In den neuen Lektionaren fehlt er daher. Es wäre aber zutiefst schade, auf ihn zu verzichten. Vielleicht wäre es für Prediger eine Möglichkeit, ihn dennoch in die Predigt einzubeziehen.

*Alles, was äußerlich zu sehen ist, ist bei Markus völlig unspektakulär:* Der Stein ist weggewälzt, das Grab ist leer. Diese äußeren Zeichen künden noch nicht von sich aus vom Geheimnis der

Auferstehung, sie sind aus sich heraus erst einmal mehrdeutig. Und selbst was in den anderen Evangelien „Engel“ oder „Bote“ heißt, wird hier schlicht als „junger Mann“ bezeichnet. Die äußere Welt allein führt noch nicht zum Osterglauben; erst die Botschaft selbst kann das Geheimnis erschließen. *Der Glaube kommt vom Hören auf die Botschaft, nicht vom Sehen.* – In dieser Hinsicht sind wir als heutige Hörerinnen und Hörer den Zeuginnen von damals gleichgestellt. Die Frohbotschaft kann uns gleichermaßen erreichen, sie gilt auch uns. Man könnte spielerisch noch weiter gehen: Auch uns wird in der Osternacht das Evangelium von einem Menschen in weißen Kleidern verkündet. Die österlich-weiße Kleidung des Diakons, des Priesters, ebenso auch der Täuflinge spricht diese Sprache: Alle Gläubigen, alle Getauften sind dank Gottes Gnade in diese Welt des Lebens und des Lichtes einbezogen.

Schließlich gibt es noch einen weiteren Aspekt der Ostererzählung, der für das Verständnis der österlichen Botschaft des Markus bedeutsam ist, und zwar die Sendung durch den Gottesboten nach Galiläa. Dies ist nicht allein als Hinweis auf mögliche Erscheinungen des Auferstandenen in Galiläa zu verstehen, sondern es ist zugleich ein Rückverweis auf den Ort, wo alles begann. Von Galiläa aus nahm das von Jesus verkündete Evangelium seinen Anfang (vgl. Mk 1,14). Daher werden die Frauen zu Ostern an den Ort der Jüngerschaft zurückverwiesen. Die Botschaft des Engels mag lauten: „Jetzt wisst ihr alles, was ihr wissen müsst: Botschaft, Sterben und Auferweckung Jesu. Nun geht und lernt, was Nachfolge heißt.“ Dieser Weg zurück nach Galiläa gilt nicht allein den Frauen am Grab, sondern allen Leserinnen und Lesern des Evangeliums. Mit ihrem österlichen Wissen und ihrer Erschütterung, dass die Welt nicht mehr ist, wie sie scheint, sollen sie nun zurück nach Galiläa gehen, das heißt auch an den Anfang des Evangeliums und nun ein weiteres Mal lesend und erkennend den Weg der Nachfolge beschreiten. Mit diesem österlichen Wissen wird sich von jetzt an das gesamte Evangelium in einem neuen Licht darstellen. An vielen Stellen wird man nun lesend immer wieder österliche Spuren im

Wirken Jesu entdecken: eben jene Auferweckung der Tochter des Jaïrus, aber auch die Stillung der Todesmächte des Seesturms durch Jesus oder seine Verklärung auf dem Tabor.

Dies ist die Osterbotschaft des Markusevangeliums: zu wissen, dass die Welt verwandelt ist, im Alltag Tag für Tag Kreuzesnachfolge einzuüben und zugleich überall die Spuren des auferweckten Herrn zu suchen, der unser Leben verwandelt.

## Sich erinnern und das Neue begreifen

*Lk 23,55–24,12 (Lektionar 24,1–12)*

23,55 *Die nachfolgenden Frauen aber, die mit ihm gekommen waren aus Galiläa,*
*sahen das Grab und wie sein Leib hineingelegt wurde.*
56 *Zurückkehrend aber bereiteten sie Duftöle und Salben,*
*und den Sabbat über ruhten sie nach dem Gebot.*

24,1 Am ersten Tag der Woche, am frühen Morgen, kamen sie zur Grabstätte,
brachten die bereiteten Duftöle.
2 Sie fanden aber den Stein, weggewälzt vom Grab.
3 Hineingehend aber fanden sie nicht den Leib Jesu, des Herrn.

4 Und es geschah, als sie darüber in Verlegenheit waren:
Siehe, zwei Männer traten zu ihnen in blitzendem Kleid.
5 Als sie von Furcht erfüllt wurden und ihr Gesicht zur Erde neigten,
sprachen sie zu ihnen:
Was sucht ihr den Lebendigen unter den Toten?
6 Er ist nicht hier, sondern wurde auferweckt.
Erinnert euch, wie er zu euch redete,
als er in Galiläa war,
7 und sagte:
Der Menschensohn muss ausgeliefert werden
in Hände sündiger Menschen
und gekreuzigt werden
und am dritten Tag auferstehen.
8 Und sie erinnerten sich seiner Worte.

9 Und sie drehten sich um vom Grab
und verkündeten dies alles den Elf und allen Übrigen.
10 Es waren aber Maria Magdalena und Johanna und Maria des Jakobus

und die Übrigen mit ihnen.
Sie sagten zu den Aposteln dieses,
11 und es erschienen ihnen diese Worte, als ob sie Geschwätz seien,
und sie blieben ihnen ungläubig.
12 Aber Petrus, aufstehend, rannte zum Grab,
und sich vorbeugend erblickte er die Leinentücher allein.
Und er ging fort zu sich, sich wundernd
über das Geschehene.

## Auslegung

„Suchen" und „Finden" ist ein wichtiges Wortpaar für das Lukasevangelium, wobei sich beide Begriffe jedoch nicht symmetrisch entsprechen. Hier, in der Ostererzählung, ist es so, dass die Frauen zuerst einmal etwas finden, und zwar das Ungesuchte, Unerwartete: Sie finden den Stein, aber an einem unerwarteten Ort, nämlich weggewälzt. Zugleich aber finden sie gerade das eine nicht: den Leib Jesu. Beide Funde sind überraschend und aus sich heraus gar nicht einzuordnen. Dementsprechend äußern sich dann auch die beiden Boten, und sie fügen den Erfahrungen bereits eine erste Neudeutung hinzu: „Was sucht ihr den Lebenden bei den Toten?" Was die Frauen gesucht hatten, war der Verstorbene. Diesen Wunsch kann man nicht tadeln, denn nach der Logik der Welt ist er durch und durch selbstverständlich. Was bleibt ihnen denn anderes, als nach dem Tod Jesu seine toten Gebeine zu ehren? Vielmehr ist dieses Verhalten der Frauen als Treue hoch einzuschätzen; dies machen die vorangehenden Verse deutlich. Es sind nämlich die Frauen, die unter dem Kreuz aushalten (Lk 23,49), und es sind die Frauen, die auch bei der Bestattung Jesu anwesend sind (Lk 23,55). Lukas stellt ihre Glaubenstreue dadurch heraus, dass er sie bei beiden Erwähnungen mit dem Verb „nachfolgen" in Verbindung bringt. Die Frauen zeigen durch ihr aufmerksames Ausharren, dass sie in Jesu Nachfolge stehen. Zugleich werden sie im positiven

Sinne als toratreu gekennzeichnet, denn sie halten den Sabbat ein. Dann aber werden sie, obwohl oder noch besser: weil sie nach menschlichen Maßstäben alles recht machen, maßlos überrascht. „Was sucht ihr den Lebenden bei den Toten?" Diese Frage der Boten ist für die lukanische Sprache typisch. Gottes Handeln ist völlig anders als menschliches Handeln. Gott handelt völlig jenseits menschlicher Logik.

Die Frauen am Grab müssen diese neue Logik der Liebe Gottes lernen, sie müssen gegen alle Logik der Welt lernen, dass es durch Gottes Macht nicht mehr um den Tod, sondern um das Leben geht: „Er ist nicht hier, sondern auferstanden." Damit die Frauen dies erfassen können, geben die Männer einen weiteren Hinweis: „Erinnert euch, wie er zu euch redete, als er in Galiläa war." Im Unterschied zum Markusevangelium werden die Nachfolgenden nicht aufgefordert, sich nach Galiläa zu begeben, sondern sich zu *erinnern*. Dies bedeutet gerade nicht, dass hier etwas völlig Neues, Unbekanntes enthüllt wird. Vielmehr wissen die Frauen durch ihre Nachfolge Jesu bereits alles Notwendige, denn Jesus hat es ihnen längst auf dem Weg der Nachfolge enthüllt: dass er leiden und sterben müsse, aber auch, dass er auferstehen werde. Dieses Wissen ist auch bei den Frauen vorhanden, sie können es aber noch nicht zu dem in Beziehung setzen, was sie aktuell erfahren: den verrückten Stein und das leere Grab.

Noch schaffen sie es nicht, diese beiden Dinge konstruktiv zusammenzubringen. Wissen und Erfahrung sind je für sich noch nicht lebendig; die nötige Verbindung zwischen ihnen stellen die beiden Boten her; sie verknüpfen nur, was schon längst da ist. *Das leere Grab enthält noch keine Botschaft,* die Glauben hervorbringt, es verwirrt. Auch der Glanz der Boten bewirkt aus sich nichts. *Erst die Erinnerung an die Botschaft Jesu bringt die Frauen zum Glauben.*

Genau dies macht nach Lukas „Ostern" aus. Denn nun haben die Frauen begriffen, und sie sind ergriffen: Sie erinnern sich der Worte, und sie verkünden diese den anderen Jüngern. Es ist bedeutsam, dass Lukas das Wort Engel/Bote für die beiden himmlischen Deutegestalten vermeidet. Stattdessen spricht ihre glänzende Gewandung davon, dass sie aus der Welt göttlichen Lichts stammen. Dafür aber lässt er die Frauen die Osterbotschaft „verkünden“. Hier erst, ganz am Ende, werden sie übrigens mit Namen genannt: Maria Magdalena, Johanna und Maria des Jakobus. Hier, wo sie zu Botinnen werden, werden sie auch mit Namen genannt und in ihrer Individualität sichtbar. Und indem sie verkünden, sind sie selbst die Botinnen der Osterbotschaft. Nicht die beiden Männer am Grab sind die „Engel“, sondern die Frauen, die die Botschaft weitertragen (das griechische Wort für „verkünden“ enthält dieselbe Wortwurzel wie „Engel“).

Ganz parallel zu dieser Ostererzählung läuft auch das Emmausevangelium (Lk 24,13–35) ab: Auch dort haben die beiden Jünger (die freilich nicht so genannt werden) den Tod Jesu erlebt, und auch sie haben von der Auferstehung gehört, können es aber nicht glauben. Wie die Frauen am Grab wissen auch sie bereits alles Notwendige, was bei Mose, in den Psalmen und bei den Propheten über Jesus geschrieben steht, können es aber nicht von sich aus auf Jesus anwenden. Dazu braucht es eine himmlische Deutegestalt, und hier ist es der Auferstandene selber. Als sie dann durch Jesu Hilfe alles begriffen und sie ihn beim Brotbrechen erkannt haben, wird er vor ihren Augen unsichtbar. Sie müssen ihn aber auch gar nicht sehen, denn sie „haben“ ihn nun. So können auch sie zu Boten des Auferstandenen werden und begeistert nach Jerusalem zurückkehren und ihrerseits vom Erfahrenen erzählen.

Entsprechend dieser lukanischen Theologie besteht die Ostererfahrung gar nicht allein im Anblick des leeren Grabes. Was die äußeren Augen sehen, reicht allein noch nicht aus, zu einer neuen Erfahrung zu führen (wie eben auch auf dem Weg nach Emmaus). Vielmehr besteht die österliche Erfahrung darin, dass von außen her, durch göttliche Einwirkung, alles das, was in den Jüngerinnen und Jüngern als Schatz an Erfahrung und Wissen bereits bereitliegt, neu verknüpft wird und so zu einer völlig neuen, überraschenden Erfahrung wird, die im positiven Sinn eine Umkehr von der Welt des Todes in die Welt des Lebens bewirkt. Das Zeichen besteht in der Botschaft, nicht im leeren Grab. So verlassen die Frauen das Grab, kehren von dort zurück und verkünden das Evangelium.

Darin liegt auch die Frohbotschaft des Lukas an alle Gläubigen, die in der Nachfolge Jesu stehen. Es sind nicht die äußeren Augen, mit denen man direkt auf das Ostergeheimnis schauen könnte. Vielmehr ist es der Schatz an eigenen Erfahrungen und an Wissen über Gottes Heilshandeln, wie es sich an Israel und durch Jesus Christus ereignet hat. Es wird Ostern, wenn diese Dinge miteinander in Verbindung gebracht werden und sich so die Kraftquelle göttlichen Lebens auch im eigenen Leben öffnet und erfahrbar wird, dass Gott den Tod besiegt hat. Erst die Botschaft kann die Augen des Glaubens schenken, in der unscheinbaren Wirklichkeit Gottes überwältigendes Handeln zu erkennen. *Diese Botschaft Gottes ist auch uns gegeben.* Uns gilt das Zeugnis des Evangeliums, uns gilt die Botschaft der Engel, auch uns ist ihr Glanz berichtet, und wir selber können zu Zeugen werden. Wie Petrus müssen wir die Botschaft hören, uns von der Begeisterung der Zeuginnen anstecken lassen und uns dann selbst auf den Weg zum Grab machen.

# „Es werde Licht!“

## Die Feier der Osternacht

## Impulse für die Gestaltung der Feier

*Egbert Ballhorn*

Die Osternacht *gestalten*? – Natürlich muss die Osternacht nicht eigens gestaltet werden, etwa durch zusätzliche Texte und weitere Riten. Die Liturgie selbst bietet eine Fülle, die es auszuschöpfen gilt. Aus der Liturgie muss nichts „gemacht“ werden. Und dieses Buch zielt gerade darauf ab, das Verständnis der Liturgie und der in ihr gefeierten biblischen Texte zu fördern. Gestaltungshinweise sind daher in diesem Rahmen zu sehen: als Sensibilisierung für die gefeierte Liturgie und unterstützende Gedanken zu ihrer sinn- und zeichengemäßen Feier.

Und noch ein Gedanke erscheint mir wichtig: Es geht nicht darum, bei der Feier der Osternacht alles gleichzeitig „richtig“ und intensiv zu gestalten. Die intensive Feier der Osternacht ist nicht der Ausgangspunkt, sondern überhaupt das Ziel gemeindlicher Existenz. Ostern zu feiern, muss man regelrecht lernen. Es braucht Übung wie zum Beispiel beim Musizieren oder beim Sport. Und gerade deshalb begehen wir dieses Fest Jahr für Jahr: um uns an das Geheimnis dieses Festes anzunähern.

Dennoch kann es helfen, das eine oder andere zu beachten, damit die Feier besser gelingt:

Das *Osterfeuer* sollte nicht zu klein sein. Überspitzt gesagt: Es sollte vielleicht mehr sein als ein Blechteller mit drei Stöckchen.

Die im Messbuch vorgeschriebene *Abfolge von Lichtfeier und Wortgottesdienst* ist sinnvoll und sollte nicht vertauscht werden. Am Beginn steht die Lichtfeier, dann folgt die Vigil mit den alttestamentlichen Lesungen. Alles wird gefeiert im Licht der Auferstehungsbotschaft, die nicht erst mit dem Osterevangelium, sondern schon am Feuer verkündet wird: „Christus ist glorreich vom Tod erstanden!"

Zum *Taufgedächtnis* können auch Schalen mit Taufwasser durch die Reihen der Gläubigen gereicht werden, so dass jeder sich selbst mit dem Wasser bezeichnet oder seinem Nachbarn / seiner Nachbarin ein Kreuz auf die Stirn zeichnet: „Lebe als neuer Mensch" oder: „Lebe in Christus".

Vielleicht reicht ja *das Licht der Osterkerze und der anderen Kerzen* im Gottesdienst, so dass nicht noch eigens elektrisches Licht (etwa zum Gloria) eingeschaltet werden muss. Das österliche Licht der Osterkerze, die ihre Flamme in die Runde der Gläubigen hinein verteilt hat, ist durch elektrisches Licht eigentlich nicht steigerbar. Schon das Exsultet besagt, dass die Feier der Nacht in die Dämmerung des Morgens übergeht.

Eine *österliche Agape im Anschluss* an den Gottesdienst ist in vielen Gemeinden ein guter Brauch.

Auch *an den Sonntagen nach Ostern* kann die Eucharistiefeier der Gemeinde mit dem Versprengen des Osterwassers und dem Taufgedächtnis begonnen werden (vgl. „Vidi aquam", GL 125,1).

Zur *Vorbereitung der Gemeinde* auf die Osterfeier sind die Sonntage der Fastenzeit gut geeignet. Gerade die alttestamentlichen Lesungen jener Sonntage, aber auch die Lesungen aus den Apostelbriefen weisen in vieler Hinsicht auf die Motive der Osternacht und ihrer Lesungen hin. Hier können Prediger Verbindungen herstellen, die die Gemeinde in das Geheimnis der Osternachtfeier mit hineinnehmen können.

Das Katholische Bibelwerk bietet seit einigen Jahren unter dem Motto „Dem Wort auf der Spur" Projekte zur *lectio divina* an. Ein Heft mit fertig strukturierten Gruppentreffen und mit Arbeitsunterlagen ist unter dem Titel „Wasser – Licht – Leben" den Lesungen der Osternacht gewidmet (www.lectiodivina.de).

So können sich *Bibelkreise* und *Lektorinnen und Lektoren* in den Wochen vor Ostern die Texte der Osternacht erschließen.

In der Osternacht könnte auch einmal ein *kurzer Predigtimpuls zu einer der alttestamentlichen Lesungen* erfolgen. Zwar zieht das Evangelium erst einmal alle Aufmerksamkeit auf sich. Wie aber die in diesem Buch vorliegenden Auslegungen zeigen, enthalten alle biblischen Lesungen Elemente des österlichen Evangeliums. Von daher ist ein natürlicher Zusammenhang gegeben. Die Einheit der Feier und des zentralen Festgeheimnisses ermöglicht es, diesem Geheimnis in seinen verschiedenen Ausprägungen auch anhand der Lesungen nachzugehen.

## Zum Vortrag der nachfolgenden Texte im Gottesdienst

Die nachstehenden Texte bieten unterschiedliche Modelle, in die Osternachtfeier und die Lesungen einzuführen. Ob und wie sie eingesetzt werden können, hängt von den Umständen ab.

Auf jeden Fall muss vermieden werden, dass aus der festlichen Liturgie, in der vieles für sich spricht, wenn sie nur mit Würde und in Ruhe gefeiert wird, eine von Erklärungen überfrachtete Bildungsveranstaltung wird.

Es empfiehlt sich, dass der Vorsteher oder ein eigener Lektor / eine eigene Lektorin mit nur dieser einen Aufgabe die Einführungen von einem anderen Platz als dem Ambo aus vorträgt, nicht die wechselnden Lektorinnen und Lektoren, damit auch so der innere Zusammenhang der Lesungen und der ganzen Liturgie erfahrbar wird.

# Gott bahnt einen Weg

Eröffnung der Osternacht und Einführung zu den Lesungen

*Theodor Hausmann*

**Zur Eröffnung am Feuer**

Alle sind zusammengekommen, um diese heilige Nacht zu feiern.
Auf der ganzen Welt versammeln sich die Gläubigen,
um die wunderbaren und befreienden Wege Gottes festlich zu begehen.

Wir feiern, dass Gott uns einen Weg gebahnt hat,
einen Weg durch Raum und Zeit,
einen Weg in seine göttliche Wirklichkeit, in die Ewigkeit.

Unsere Feier ist ein Stationengottesdienst:
hier am Feuer, dann in der Kirche und am Taufbrunnen.

Sie sind alle eingeladen, innerlich mitzugehen und zu feiern,
dass Jesus Christus in dieser heiligen Nacht
die Finsternis des Todes durchbricht
und der Welt das ewige Licht Gottes schenkt.
Dieses Licht ist auch uns verheißen.

**Zu Beginn des Wortgottesdienstes**

In den Lesungen der heutigen Nacht hören wir von den Wegen,
die Gott mit seinem Volk geht.

Wir hören vom Anfang der Schöpfung
bis hin zum Auftrag des Engels am Ostermorgen:
Der Auferstandene geht euch voraus nach Galiläa; dort werdet ihr ihn sehen.

**Zur ersten Lesung (Gen 1)**
Am Anfang aller Wege, die Gott uns offenbart, steht die Schöpfung.
Was im großen Gedicht auf sieben Tage verkürzt mit feierlichen Worten und großen Bildern erzählt wird,
ereignete und entwickelte sich über Jahrmillionen.
Das meiste davon bleibt für uns im Dunkel der Unwissenheit verborgen.
Und dennoch: Ein Blick in die Schöpfung offenbart uns Gottes Herrlichkeit und Güte.

**Zur zweiten Lesung (Gen 22)**
Der Sinn und das Ziel der Wege Gottes sind für uns Menschen oft dunkel.
Gott schafft und schenkt Leben, wo es nicht mehr zu erwarten ist.
Aber er kann es auch wieder zurückfordern.
In der zweiten Lesung von der Prüfung Abrahams
gehen wir noch einmal durch das Dunkel des Karfreitags,
bis am Ende das österliche Leben aufleuchtet und Segen statt Tod verheißen wird.

**Zur dritten Lesung (Ex 14)**
Israels Weg aus der Unterdrückung führt durch das Rote Meer.
Es ist der Weg der Rettung –
*die* prägende Ostererfahrung des Volkes Israel.
Gott führt diesen Weg durch das Wasser des Todes hindurch.
Der Weg der Unterdrücker und Verfolger führt in den Untergang.
Der Weg des Volkes Gottes führt zu einem Leben in Freiheit.

**Zur sechsten Lesung (Bar 3–4)**

Gottes Wege mit uns sind Wege der Weisheit.
Diese Weisheit ist für uns erkennbar in der Schöpfung.
Diese Weisheit begegnet uns im Wort der Weg-Weisung in der Heiligen Schrift.
Und die göttliche Weisheit begegnet uns in Jesus, dem lebendigen Wort Gottes.
Er ist unter uns erschienen, um uns den Weg zum Leben in Fülle zu weisen.
Darum hat die Aufforderung des Propheten für uns einen österlichen Klang:
Kehr um, Jakob, ergreif die Weisheit.
Geh deinen Weg im Glanz ihres Lichtes.

**Zur Lesung aus dem Römerbrief**

Wir haben von Gottes Wegen durch die Finsternis zum Leben gehört.
Wie Gott an seinem Volk gehandelt hat,
so handelt er jedes Mal, wenn ein Mensch getauft wird.
Er führt durch den Tod hindurch zum Leben.

# Gott handelt an uns

Einführung in den Wortgottesdienst

*Klemens Teichert*

„Dies ist die Nacht, von der geschrieben steht:
‚Die Nacht wird hell wie der Tag.'"

Wir halten ein Licht in den Händen.
In dieser Nacht hören wir,
wie Gott in der Geschichte seines Volkes immer wieder Licht schafft und das Dunkel vertreibt:
Im Anfang der Schöpfung ruft er das Licht
und gebietet dem Chaos Einhalt.

Ein mitgehender und mitfühlender Gott befreit in Ägypten
sein Volk von Mächten der Sklaverei und Unterdrückung,
und er führt es in sein Land der Verheißung.
Hier wird die Würde jedes Menschen geachtet,
auch die des Armen und Verlassenen.

Gott gibt sein Licht umsonst, ohne Bezahlung.
Gratis schließt er den Bund mit uns Menschen.
Er schenkt uns seine Weisheit.
Und das längst Erstorbene belebt er neu.
Wir hören Gottes Geschichte mit uns Menschen,
um uns daran zu erinnern.

Und schließlich hören wir in dieser Nacht,
wie er in Christus selbst Licht geworden ist.
Christus ist auferweckt vom Tod –
und so bringt er Licht in unser Leben.

In dieser Nacht hören wir,
wie Gott immer wieder an uns Menschen handelt.
Er schenkt uns jetzt sein Licht,
Christus, den Auferstandenen.

# Die Frohbotschaft von Ostern

Kurzeinführungen zu den Lesungen

*Egbert Ballhorn*

**Gen 1**
Mitten in Dunkel, Wüste und Leere
schafft Gott einen Raum des Lichtes und des Lebens.
Dies ist die Frohbotschaft von Ostern,
sie beginnt mit der Schöpfung.

**Gen 22**
Der einzige Sohn wird mitten aus dem Tod gerettet.
Durch ihn haben viele das Leben.
Dies ist die Frohbotschaft von Ostern,
und sie beginnt mit unseren Vätern Abraham und Isaak.

**Ex 14**
Mitten in der Bedrohung durch das Wasser des Todes
schafft Gott einen Raum des Lebens.
Dies ist die Frohbotschaft von Ostern,
und sie liegt begründet im Durchzug durch das Schilfmeer.

**Jes 54**
Gott liebt sein Volk voller Innigkeit.
Die Fluten des Todes
sollen nie wieder Macht über es haben.

**Jes 55**
Gottes Wort ist kraftvoll.
Es verändert die Menschen
und bringt der Erde das Leben.

**Bar 3–4**
Festzuhalten an dem Gott,
der Leben schafft mitten im Tod –
dies ist der Anspruch von Ostern.

**Ez 36**
Mögen die Menschen auch immer wieder in die Welt des Todes laufen:
Gott holt sie zurück in die Welt des Lebens
und gießt Wasser des Lebens über ihnen aus.

**Röm 6**
Aus den Fluten des Todes
rettet Gott seinen geliebten Sohn –
und wir sind mitten hineingenommen
in das neue Leben.

# Österliche Lichtspuren

## Einleitungen zu den alttestamentlichen Lesungen

*Heinz-Günter Bongartz*

**Zur ersten Lesung (Gen 1)**

Der Anfang der Bibel erzählt, wie Gott das Chaos ordnet und wie er die Dinge voneinander trennt. So wird das Leben möglich. Gott tritt allem entgegen, was dem Leben keinen Raum gibt. Er sorgt für das Leben. Und: Gott schafft den Menschen nach seinem Abbild. Er spricht allen Menschen göttliche Würde zu. Diese Botschaft der ersten Seite der Bibel wird sich bis zum Ende durchhalten: Gott, der das Leben geschaffen hat, ist ein Gott für alle Menschen. Jeder Mensch ist mit seiner Existenz ein Zeugnis dafür, dass Gott ihn als sein Abbild gewollt hat. Der Mensch ist eine österliche Lichtspur.

**Zur zweiten Lesung (Gen 22)**

Die alttestamentlichen Lesungen sind österliche Lichtspuren. Sie erzählen vom Gott des Lebens. Sie sind geheimnisvoll und manchmal undurchdringlich. So etwa auch die Lesung von der Bindung Isaaks, wie die Juden die folgende Erzählung bis heute nennen.

Die Erzählung will in Erinnerung rufen: Gott kann widersprüchlich sein. Er gibt eine Verheißung – und dann erscheint es uns, als sei es er selbst, der sie uns wieder entzieht. Gott schenkt das Leben, und manchmal meinen wir, er würde es wieder nehmen. Der Ort, an dem Abraham seinen Sohn Gott opfern soll, heißt Morija. Dieser Name bedeutet: „Gott sieht!" Morija ist der Berg, auf dem später der Tempel steht.

Gott behält den scheinbaren Widerspruch im Blick. Er ist der Sehende. Mit Weitsicht gestaltet er alles. Gott greift ein und sorgt dafür, dass Isaak, der für Abraham die göttliche Verheißung der Zukunft ist, kein Haar gekrümmt wird. Diese Lesung ist eine österliche Lichtspur zu dem Gott, der uns im Leben nicht selten fremd vorkommen kann, aber der Anwalt des Lebens bleibt.

**Zur dritten Lesung (Ex 14)**

Es ist liturgische Vorschrift, die kommende Lesung vom Auszug Israels aus Ägypten in der Osternacht zu lesen. Dies hat einen markanten Grund. Der Name „Ägypten" steht für alle Todesmächte und für alle Unfreiheit. Gewaltig und unbezwingbar tritt diese Großmacht als Feind des Lebens dem kleinen Volk Israel gegenüber. Die Geschichte vom Auszug aus der Gefangenschaft erzählt von einem großen Wunder: Gott kämpft für Israel, damit es ins Leben findet. Gott gebietet den Chaosmächten des Todes – dafür steht Ägypten – Einhalt. Dort, wo Gott kämpft, verlieren alle, die den Tod wollen, ihre Existenzberechtigung. Der Exodus aus Ägypten ist eine österliche Lichtspur.

**Zur vierten Lesung (Jes 54)**

Menschliches Leben kann auf vielerlei Weise in die Fremde geraten. Durch Schicksalsschläge, durch Verlust, durch Schuld, durch Versagen kann unser Leben abstürzen und damit selbst zur Frage werden: Wird Gott zu uns halten? Bleibt Gott treu? Kann Gott seine Suche nach den Menschen aufgeben? Das Volk Israel hat oft vor diesen Fragen gestanden. Und mehr als einmal im Laufe seiner Geschichte entfernt es sich weit von der Absicht Gottes. Trotz alledem – so erzählt der Prophet Jesaja – bleibt Gott in sein Volk verliebt und lässt nicht von ihm ab. Sein Herz schlägt voller Leidenschaft für sein auserwähltes Volk.

Dieses Wesen Gottes ist wie Licht in dunkler Nacht. Es ist eine österliche Lichtspur.

**Zur fünften Lesung (Jes 55)**
„Ohne Fleiß kein Preis!" Dieses Wort prägt oft unseren Alltag. Wir leben in einer Leistungsgesellschaft.

Und doch ist das Wesentliche nicht zu kaufen: Freude mitten in den Aufgaben des Lebens, Liebe in Stunden der Einsamkeit, Hoffnung in schweren Zeiten, Sinn und Lebensorientierung an Tagen der Verzweiflung, Geborgenheit und Halt in Nächten der Trostlosigkeit. Alles das können wir nicht für Geld kaufen. Leben ist mehr als nur die Summe der Möglichkeiten, die ich in Euro und Cent bezahlen kann. Daran erinnert der Prophet Jesaja. Der Gott Israels verleiht dem Leben eine Perspektive, die eine umfassende Zukunft einschließt. Gott gibt Anteil an seinem Leben, an seiner Fülle und Ewigkeit. Und das umsonst. Dies ist eine österliche Lichtspur.

**Zur sechsten Lesung (Bar 3–4)**
Gott führt nicht nur aus der Gefangenschaft in die Freiheit. Die Osternacht erinnert auch daran: Gott erschafft ein neues Volk. Dieses Volk soll nach seiner Lebens- und Sozialordnung leben. Gott gibt dem auserwählten Volk die Zehn Gebote – die Tora, das Buch mit göttlichen Weisungen –, damit diese das Leben schützen und bewahren. Die göttliche Lebensordnung ist nicht willkürlich. Gott gibt sie seinem Volk mit tiefer Absicht. Er tut seine Weisheit kund, damit sie eine Kultur des Lebens ermöglicht. Gottes Weisungen sind eine österliche Lichtspur.

**Zur siebten Lesung (Ez 36)**
„Wenn das Herz sich wertlosen Dingen zuwendet, dann rollt die Krone zu Boden!" So sagt Johannes vom Kreuz. In der Geschichte Israels hatte das Volk das Herz nicht immer bei Gott. Weltliche Interessen standen oft im Vordergrund. Spekulationen mit der Macht wurden zur großen Versuchung. In solchen Phasen war Gott meistens nicht mehr die Mitte. Die Bibel verschweigt nicht, dass Israel in solcher Gottvergessenheit immer auch etwas von der eigenen Würde verloren hat. Das gesell-

schaftliche Miteinander geriet aus dem Lot. Israel hat in solchen Zeiten viel Leben verloren.

Aber ebenso erzählt die Heilige Schrift, dass Gott das Herz seines Volkes immer wieder aufs Neue sucht. Es liegt ihm daran, dass sein Volk ihm – dem Allmächtigen – mit ganzem Herzen vertraut. Darum bildet er auch unsere Herzen nach dem seinen. Das bringt österliches Licht in unser Leben.

# Das Geheimnis dieser heiligen Nacht

## Einleitungen zu allen Lesungen der Osternacht

*Georg Steins*

**Zu Beginn des Wortgottesdienstes**
Liebe Gemeinde!

Christus, das Licht, erhellt diese heilige Nacht. Wir haben das Lob dieses Lichtes gesungen. Dieses Licht ist für uns Leben und Hoffnung. Nun wollen wir im Glanz des österlichen Lichtes die großen Taten Gottes an seinem Volk betrachten.

Im Hören auf die Texte der Heiligen Schrift, in den Liedern und in den Gebeten, die auf die Schriftlesungen folgen, erfahren wir, wer dieser Gott ist, der so wunderbar an Jesus Christus gehandelt hat. Und wir erfahren, wie groß das Geschenk ist, das er uns bereitet.

Die Lesungen aus der Heiligen Schrift, aus dem Alten wie dem Neuen Testament, führen uns ein in das Geheimnis dieser heiligen Nacht.

**Zur ersten Lesung (Gen 1)**
Wir beginnen unseren Weg durch die ganze Heilige Schrift auf der ersten Seite der Bibel: In der Schöpfungserzählung hören wir, dass Gott von Anfang an aller Finsternis und allem Chaos entgegentritt. Gott schenkt das Licht, von ihm kommt das Leben. Seine gute Schöpfung soll ein Lebenshaus für alles Lebendige sein. Mann und Frau sind von Gott berufen, dieses Lebenshaus zu schützen und zu gestalten.

**Zur zweiten Lesung (Gen 22)**

Der gute Gott, der Schöpfer des Himmels und der Erde, bleibt ein tiefes Geheimnis. Gott kann für uns Menschen auch dunkel und fremd werden. Das musste Abraham erfahren, das erkennen wir an Jesus Christus. Die folgende Erzählung endet mit der Erneuerung und Bekräftigung des Segens. Trotz aller momentanen Dunkelheit dürfen wir darauf vertrauen, dass Gott treu ist, dass er uns sieht, auch wenn wir ihn nicht sehen.

**Zur dritten Lesung (Ex 14)**

Immer wieder hat Israel erfahren, dass Gott sein Volk aus der tödlichen Bedrohung rettet. Gott stellt sich entschieden und mit Macht allen entgegen, die das Leben und die Freiheit seiner Kinder bedrohen. Er bahnt einen Weg zum Leben und zur Freiheit – durch die Wasserfluten hindurch.

**Zur vierten Lesung (Jes 54)**

Gott verlässt seine „erste Liebe“ nicht. Wenn er sich neu schenkt, erfüllt sich die Sehnsucht nach Gerechtigkeit und Frieden. Die neue Beziehung zwischen Gott und seinem Volk verändert das Angesicht der Erde. Es ist wie am ersten Schöpfungsmorgen.

**Zur fünften Lesung (Jes 55)**

Gott lädt uns ein zu einem Fest. Gott lässt sich von denen finden, die „hungern und dürsten nach seinem Reich“. Das ist seine unverbrüchliche Zusage.

**Zur sechsten Lesung (Bar 3–4)**

Gott, der alles geschaffen hat, lässt sein Volk nicht allein. Gott schenkt seinem Volk eine Lebensordnung. Sie soll ihm helfen, im Auf und Ab der Geschichte nicht zu vergessen, wo die Quelle des Lebens ist.

**Zur siebten Lesung (Ez 36)**

Gott hat eine Vision vom Menschen: Er nimmt ihm das Herz aus Stein und gibt ein Herz aus Fleisch. Nähe und Vertrauen bestimmen das Verhältnis zu Gott: „Ihr werdet mein Volk sein, ich werde euer Gott sein.“

**Zur Epistel (Röm 6)**

In Christus hat Gott den Tod besiegt. Aus dieser Vorgabe dürfen wir leben. Der Glaube an die Osterbotschaft verändert uns. Als Glaubende werden wir neu geschaffen. Im Glauben können wir als neue Menschen leben – für Gott und füreinander.

**Zum Evangelium (Mt 28, Lesejahr A)**

Die Auferstehung Jesu ist ein ganz und gar ungewöhnliches, ein göttliches Ereignis. Sie erschüttert die Grundfesten der Erde. Und sie bringt die verstörten und trauernden Jüngerinnen und Jünger Jesu in Bewegung.

**Zum Evangelium (Mk 16, Lesejahr B)**

In der Frühe am Grab erfahren die drei Frauen das Unerwartete: „Ihr sucht Jesus. Er ist auferstanden, er ist nicht hier.“ Die Frauen werden zu Zeuginnen. Der Auferstandene wird den Jüngern dort neu begegnen, wo alles angefangen hatte: in Galiläa. Das Reich Gottes ist nahe gekommen – in den Worten und Taten Jesu und in Gottes machtvollem Handeln durch ihn.

**Zum Evangelium (Lk 24, Lesejahr C)**

„Was sucht ihr den Lebenden bei den Toten?“ Die Frage der Engel am Grab Jesu fasst die ganze Osterbotschaft zusammen. Der Gott des Lebens steht auf der Seite Jesu. Gott hat Jesus aus Finsternis und Tod gerettet. Jesus steht ganz bei Gott, auf der Seite des Lebens. Diese Botschaft ist zunächst unerhört; sie löst Schrecken, Unglauben und Verwunderung aus.

# Gottes Blick

Predigt zu den Lesungen der Osternacht

*Albert Schmidt*

„Gott sah, dass es gut war": Wie ein Kehrvers durchzieht dieser Satz die Lesung aus dem Buch Genesis, und nach dem sechsten Tag erweitert sich die Antiphon zu einer Fermate: „Gott sah alles an, was er gemacht hatte: Es war sehr gut." Am Anfang der Bibel und der Osternacht steht Gottes Blick auf seine Schöpfung, seine Zustimmung zur Welt. „Himmel und Erde und ihr ganzes Heer" sind vollendet. Damit steht die Welt am Anfang einer offenen Geschichte. Auch Gott ist nicht fertig mit seiner und unserer Welt. Er hat nicht nur gesehen, dass alles gut ist; er schaut auch darauf, dass alles gut wird.

Abraham erfährt es. Er lässt sich ein auf den dunklen Ruf Gottes und bricht auf mit seinem Sohn, den er opfern soll. Was soll er antworten auf die Frage Isaaks, wo denn das Lamm für das Brandopfer sei? „Gott wird sich das Lamm für das Brandopfer ausersehen, mein Sohn." Ist diese Antwort eine Ausflucht des hilflosen Vaters? Oder nimmt Abraham damit seine Zuflucht zu dem Gott, der alles fordern und alles geben kann? Mit dem Widder im Gestrüpp löst Gott Abraham aus dem Dickicht seiner Ungewissheiten. „Der HERR sieht" – Abraham macht seine Erfahrung zum Namen für den Ort, und der biblische Text deutet an, dass dieses Widerfahrnis sich nachhaltig eingeprägt hat: „Wie man noch heute sagt: Auf dem Berg lässt sich der HERR sehen."

Der Auszug aus Ägypten wurzelt in dem Satz am brennenden Dornbusch: „Ich habe das Elend meines Volkes gesehen." Auch in der entscheidenden Nacht am Roten Meer ist Gott ganz Auge: „Um die Zeit der Morgenwache blickte der HERR aus der Feuer- und Wolkensäule auf das Lager der Ägypter." Er sieht die tödliche Gefahr, die den Israeliten droht, und sieht zu, dass sie nicht untergehen.

Gott sieht und lässt sich sehen. Das ist himmelweit entfernt von unserem allzu menschlichen Gesellschaftsspiel von Macht und Eitelkeit: „sehen und gesehen werden". Gott braucht keine Selbstbestätigung, er sucht Beziehung. Wir haben es bei Ezechiel gehört: „Die Nationen werden erkennen, dass ich der HERR bin, wenn ich mich an euch vor ihren Augen als heilig erweise." Gott zeigt sich, damit der Mensch ihn erkennt. Doch wie bei aller Begegnung geschieht auch hier nichts mechanisch; der Mensch kann sich verweigern, und Gott kann sich verbergen. Dass Gott es nicht über sich bringt, auf Dauer wegzuschauen, nimmt diesem Drama nichts von seinem Ernst, bewahrt uns aber vor der Verzweiflung. Jesaja verkündet im Auftrag Gottes: „Einen Augenblick nur verbarg ich vor dir mein Gesicht, aber in ewiger Huld habe ich mich deiner erbarmt."

*Gott* sieht und lässt sich sehen. Wie steht es um unser *menschliches Sehen*? Kehren wir noch einmal zurück zum schweren Gang Abrahams. Menschlich gesehen ist seine Lage aussichtslos. Aber zweimal haben wir in der Lesung gehört: „Abraham erhob seine Augen." Es gelingt ihm, von sich abzusehen, über sich hinauszublicken. „Als Abraham am dritten Tag seine Augen erhob, sah er den Ort von weitem." Er bekommt auf seinem traurigen Marsch einen Horizont und ein Ziel, auch wenn sich damit zunächst alles noch mehr zuspitzt. Und als ihn am Opferaltar die Stimme vom Himmel trifft, blickt er auf und sieht den Widder hinter sich, den er darbringen kann.

Auch in der Lesung aus dem Buch Exodus haben wir eine Wandlung des Blicks erlebt. Sie begann mit den Worten: „Als die Israeliten sahen, dass die Ägypter ihnen nachrückten, erschraken sie sehr." Und am Ende „sah Israel die Ägypter tot am

Strand liegen". Äußerlich betrachtet ist das ein gewaltiger Umschwung von heftigster Angst zur herzklopfenden Erleichterung: Wir sind noch einmal davongekommen! Doch der Durchbruch ins Verstehen liegt in dem Satz: „Als Israel sah, dass der HERR mit mächtiger Hand an den Ägyptern gehandelt hatte …, glaubten sie an den HERRN und an Mose, seinen Knecht." Doch was ist mit den Ägyptern? An dieser Frage kommen wir nicht vorbei. Der Text spricht davon, dass auch ihnen die Augen aufgehen würden: „Die Ägypter sollen erkennen, dass ich der HERR bin, wenn ich am Pharao, an seinen Streitwagen und Reitern meine Herrlichkeit erweise." Es muss eine bestürzende, furchtbare Erkenntnis für das Heer im Meer gewesen sein. Aber abgesehen davon, dass wir auch diesen biblischen Text nicht als Reportage missverstehen dürfen: Gott als den HERRN erkennen und seine Herrlichkeit erleben (das hebräische Wort für „Herrlichkeit" bedeutet „Wucht" *und* „Glanz" gleichzeitig) – sollte diese Erfahrung wirklich nichts anderes als Katastrophe und Vernichtung sein?

Der Prophet Jesaja verkündet spiegelbildlich etwas Ähnliches: Nun ist Israel politisch besiegt, Teile des Volkes sind deportiert, der Tempel ist zerstört. Gott spricht Israel an als „Ärmste, vom Sturm Gepeitschte, die ohne Trost ist". Doch dreimal in den beiden Jesaja-Lesungen fällt das Wort „siehe". In der Sackgasse fordert Gott die Menschen dazu auf, die Augen zu öffnen und aufmerksam zu werden für das Unvorstellbare, das er verheißt und ins Werk setzen wird.

Aufmerksam werden: Das ist auch ein Stichwort der Lesung aus dem Buch Baruch. „Merkt auf, um Einsicht zu erlangen! Lerne, wo Einsicht ist!" Vom Sehen zur Einsicht, vom Erleben zur Weisheit – das führt nach Baruch zu dem allwissenden Gott, der Quelle und dem Ziel der Weisheit.

Wir können so die Lesungen der Osternacht hören als Botschaft von dem Gott, der sieht und sich zeigt. Wir können sie verstehen als eine Schule des Sehens, in die wir hineingenommen werden.

Das Evangelium macht da allerdings nicht mit. In der Frohbotschaft nach Lukas gibt es befremdlich wenig zu *sehen*: Die

Frauen sehen den Stein weggewälzt, aber Jesus finden sie nicht. Sie erblicken die beiden Männer in leuchtenden Gewändern, aber sie erheben nicht ihre Augen, sondern blicken erschrocken zu Boden.

Doch es gibt einiges zu *hören* in diesem Evangelium. Die beiden Männer reden ziemlich ausführlich mit den Frauen. Sie machen ihnen klar: Das Grab ist nicht der richtige Ort, Jesus zu suchen. Sie verkünden ihnen: Er ist auferstanden. Und sie rufen den Frauen die Worte Jesu über seine Kreuzigung und Auferstehung ins Gedächtnis. „Da erinnerten sie sich an seine Worte" – aber mit dem Weitersagen scheitern sie. Die Apostel tun ihren Bericht als Geschwätz ab „und glaubten ihnen nicht". Petrus macht sich immerhin auf den Weg, um nachzuschauen, aber er bekommt nichts zu sehen außer den Binden, die den Leichnam umhüllt hatten. Er geht wieder nach Hause, „voll Verwunderung".

Erschrockene Frauen, ungläubige Apostel und ein ratloser Petrus: Auch das ist Ostern. Trotzdem feiern wir ein Fest, *das* Fest: mit unserer Kurzsichtigkeit und Schwerhörigkeit, unseren Fragen und unserer Sehnsucht – und mit der gläubigen Bitte an den Auferstandenen, dass er unsere Augen und Herzen öffne für sein Licht und seine Freude.

# Der Erde vermählt und Gott anvertraut

Predigt zu Jes 54

*Theodor Hausmann*

„Was werden wir sein in hundert Jahren?" In diese Frage kleidet die Österreicherin Christine Busta die Fragen nach unserem Woher und Wohin, die wir in dieser Nacht und in diesen österlichen Tagen feiernd bedenken.

„Zwei Hände voll zärtlichem Staub" – so antwortet Christine Busta in einem ersten Anlauf. Und findet damit sicher unsere Zustimmung. Das ahnen, befürchten, das wissen wir alle: Zwei Hände voll Staub. So endet es mit mir. Diese Gewissheit verbindet uns bei aller Unterschiedlichkeit unserer Lebenswege seit unserer Zeugung, Empfängnis und Geburt.

Aufhorchen lassen, irritieren kann das Adjektiv „zärtlich". Der Tod, unser Sterben, steht doch gerade für das Gegenteil. Er ist eine harte Wirklichkeit, eine Mauer, an der unerbittlich zerbricht, was uns lieb und teuer ist. Wir müssen uns aus der Hand geben, unsere Planungshoheit endet, wir laufen ins Ungewisse. Setzt die Dichterin das Bild vom „zärtlichen Staub" als Weichmacher ein? Will sie die Wirklichkeit des Todes verniedlichen, verhübschen, verharmlosen?

„Der Erde vermählt und Gott anvertraut" – in ihrer zweiten Antwort wird deutlich, worum es ihr geht. Vermählt, anvertraut, das ruft zunächst unerwartete Bilder auf. So sprechen wir nicht, wo es um Leben und Tod geht. Christine Busta stellt sich in die Tradition der Prophetinnen und Propheten Israels, die in den Bildern von Bräutigam und Braut, von Hochzeit und Lebensgemeinschaft vom Weg Gottes mit seinem Volk, mit uns Menschen zu sprechen wagen.

Haben Sie die Lesung aus dem Jesajabuch noch im Ohr? „Dein Schöpfer, dein Gemahl“ – „Kann man denn die Frau verstoßen, die man in der Jugend geliebt hat?“ – „aufwallender Zorn“ – „ewige Zuwendung“: Von einem leidenschaftlichen, emotionalen Gott wird uns erzählt. Er lässt sich ein auf sein Volk, auf uns Menschen. Er wirbt um uns und ringt mit uns.

Von der Liebe wie vom Tod und der Auferstehung versuchen wir Menschen schon immer zu reden – und unsere Worte reichen nicht hin. Vor dem Geheimnis der Liebe, vor dem Geheimnis des Todes und der Auferstehung versuchen wir in Zeichen und Gesten zu erahnen, was auf dem Spiel steht.

Wenn zwei Menschen nach kirchlichem Ritus heiraten, dann versprechen sie sich öffentlich wechselseitige Treue. Daran anschließend setzen sie ein Zeichen: Sie legen wortlos ihre Hände ineinander. Kann und darf ich einem Menschen die Hand hinhalten und ihm sagen: Leg dich hinein wie du bist, mit deinem Leichten und Schweren, mit deinen Licht- und Schattenseiten, in deiner Stärke und Schwäche? Ich will dich tragen! Kann ich das wagen im Wissen um das, was meine Hände ausrichten und anrichten, um meine begrenzte Kraft und die Gefahr des Erlahmens?

Und umgekehrt: Kann und darf ich mich so einem Menschen zumuten, dass ich mich in seine Hand lege? Mit meiner Kraft und Schwäche, mit meinen Möglichkeiten und Grenzen? Wo Menschen das miteinander wagen, wo sie dieses Vertrauen aufbringen, da ist wirklich Hoch-Zeit. Wir sind wie neu und feiern ein Fest.

Die Lesungen, Gebete und Lieder dieser Nacht und der ganzen Osterfeier seit Palmsonntag deuten uns auf vielerlei Weise das Geschehen von Befreiung, Tod und Auferstehung, vom unbegreiflichen Weg Gottes mit seinem Volk, mit Jesus, mit uns. Könnten uns mehr als alle Worte die ineinandergelegten Hände deuten, was Auferstehung meint? Gott hält mir seine Hand hin und sagt zu mir: Leg dich hinein! In deiner Stärke und Schwäche, mit deinen Fragen und Ratlosigkeiten, mit deinen Licht- und Schattenseiten. Ich will dich tragen – unermüdlich.

Riskiere ich dieses Vertrauen, mich ihm zuzumuten, den Anspruch auf die Planungshoheit über mein Leben abzugeben? Könnte darin die Schwäche und Not unserer Lebensplanungen bestehen: Wir lassen eher die Hoffnung auf Auferstehung fahren, als uns die Illusion selbstbestimmter Planungshoheit über unser Leben einzugestehen?

Jesus ist einen anderen Weg gegangen, er hat alles gegeben, am Ende sich selbst. Er hatte nichts mehr zu verlieren, er war ganz leer. Und zugleich war er erfüllt von Vertrauen auf seinen Vater. Er stellt mir die Frage: Wer bist du heute? Der Erde vermählt und Gott anvertraut. Zwei Hände voll zärtlichem Staub. Was können wir da Besseres tun, als zu feiern und uns zu freuen. Darum: Frohe Ostern!

# Geschmack am Leben

Predigt zu Jes 55

*Paul Deselaers*

Jahr für Jahr steigt die Lebenserwartung der jetzt lebenden Generationen. Leben die Menschen wirklich länger? Frühere Generationen lebten dreißig, vierzig Jahre – plus ewig; heute leben sie nur noch siebzig, achtzig, neunzig Jahre; das ewige Leben ist gestrichen, oder es spielt einfach keine Rolle mehr. Mag sein, dass Menschen früher ihre Hoffnung auf das ewige Leben setzten, weil das irdische ihnen nichts zu bieten hatte. Heute ist es umgekehrt: Vielen im Wohlstand Lebenden hat die Ewigkeit nichts mehr zu bieten. Sie optimieren die Gesundheit, den Verdienst, die Freizeitaktivitäten. So trösten sie sich mit dem Diesseits. Es wird zur „letzten Gelegenheit". Denn im Tod gibt man die Kontrolle über das Leben ab. Also aus diesem irdischen Leben möglichst schnell möglichst viel herausholen – so lange wie möglich. Darüber hinaus ist nichts anderes zu erwarten. Das macht das Leben hektisch, angestrengt, überfordert es: Ja nichts verpassen, alles jetzt! Tempo, Tempo! Die Uhr tickt. Die Angst, zu kurz zu kommen, lässt wenig Lebensenergie übrig für andere. Vielen ist der lange Atem der Ewigkeit ausgegangen, sie sind kurzatmig geworden. Es hat Folgen, wenn man die Ewigkeit streicht. Gibt es etwas, das entlastet?

Das Credo der Christen, das wir in dieser Nacht singen, spricht eine andere Sprache. Es mündet in den Satz: „Ich glaube an das ewige Leben." Wir leugnen und verdrängen den Tod nicht, wir zeigen das Kreuz öffentlich vor. Damit nicht genug: Im Abgrund des Todes geschieht der Durchbruch zum Leben – nicht als unsere Erfindung, als Erfolg des Fortschritts, sondern als etwas außerhalb unserer Möglichkeit, als Gottes Tat. Über Jesu Grab ist kein Gras gewachsen, es steht offen. Der das Leben in all seinen Höhen und Tiefen durchlebte und durchlitt, es hingab für die Menschen, er wird von Gott mit neuem Leben beschenkt, das den Tod hinter sich hat. Ewiges Leben, sagen wir. Was heißt das?

Das Verlangen nach lustvollem Leben sitzt tief im Menschen. Er lässt sie sich von keinem Puritaner und Asketen ausreden: die Lust am Essen und Trinken, am Gesang und an der Schönheit, an der Liebe und überhaupt am Leben: ein Sonnenaufgang – die Lerche am Himmel – ein Händedruck – eine Umarmung – das Erleben, jemandem geholfen zu haben ... Momente, in denen wir ahnen können: Das ist es, das ist das Wahre, das ist das Leben. Es ist gut, solche Signale wahrzunehmen, als eine Art sinnlicher Prophetie. Sie bringen uns auf den Geschmack, weiten die Sehnsucht.

Man kann sie nicht festhalten. Es ist wie bei einem Blitzlicht: Etwas leuchtet überraschend auf, wird sichtbar, und schon ist es wieder weg. Vieles ist heute darauf angelegt, dem Augenblick der Lust Dauer zu verleihen, ihn in die Länge zu ziehen, immer neue Reize zu erfinden, sie zu steigern und verbissen auszukosten, zu konsumieren. Doch statt „tiefer Ewigkeit" stellen sich Langeweile ein und Überdruss. Enttäuschung macht sich breit, weil klar wird, dass die erlebte Lust zwar Ewigkeit will, aber nicht selbst schon ist, sie auch nicht herstellen kann.

Wer spürt nicht: Das ist noch nicht alles, da fehlt noch etwas. Und so heißen die alltäglichen Kommentare: „Das kann doch nicht alles gewesen sein, das bisschen Fußball und Führerschein. Da muss es doch noch was geben, das Leben, das Leben ..." (Wolf Biermann).

In allem ist etwas zu wenig. Nicht nur von außen, weil die Kraft fehlt, der Glückserfahrung Dauer zu geben, sondern auch von innen. Da ist noch nicht „tiefe, tiefe Ewigkeit". Da müsste die

Würze noch anders werden. Es fehlt, „was kein Auge gesehen und kein Ohr gehört hat, was keinem Menschen in den Sinn gekommen ist: das Große, das Gott denen bereitet hat, die ihn lieben“ (1 Kor 2,9).

Da geht es dann nicht mehr nur um die eigene Glückseligkeit, es geht um die Welt. Manchmal, in einer ruhigen Stunde, frage ich mich: Was erwartest du noch? Ich merke dann, wie meine kleine Welt an den vier Wänden der Wohnung endet und ich zufrieden bin, wenn es dort so läuft, wie es halt läuft. Ist das alles? Das kann doch nicht alles sein! Ich habe immer die Bibel vor mir liegen, ein Buch voller Hoffnungen, voller Erwartungen, meinen eigenen Erwartungen unendlich weit voraus.

Einmal wird es so sein – so sagt es Jesaja in dieser Nacht –, dass keiner mehr hungert und keiner mehr sich vom Fett des anderen nährt. Die Decke der Trauer und der Blindheit wird weggenommen. Die Völker werden durchblicken. Der Schmach ist ein Ende gesetzt. Das Geschäft des Todes ist bankrott, die Tränen werden abgewischt. Die Würde einer jeden und eines jeden wird wiederhergestellt, wo und wie immer sie verletzt war. Pralles Leben. Gott würdigt jede und jeden des Bundes mit ihm, er will die, die auf ihn hören, als Bundespartner.

Wer sich schwertut, diesen Verheißungen, die in so wunderbare Bilder gekleidet sind: Brot ohne Geld, ein Mahl als Gemeinschaft mit Gott, Leben aus dem Hören auf das Unvertraute, das wir nicht kontrollieren können …, wer sich schwertut, diesen Verheißungen zu trauen, kann er oder sie sich dann nicht mit denen verbinden, die am Boden liegen und von der Verheißung leben, dass Gott sie aufrichtet? Ewiges Leben heißt ja nicht, dass es endlos so weitergeht, meint nicht eine Verjenseitigung dessen, was jetzt ist. So stellen sich das die vor, die hier schon alles zu haben scheinen, aber nie genug bekommen; die das, was sie haben, für immer haben wollen. Anderes fällt ihnen nicht mehr ein als ihre private Seligkeit. Ewiges Leben heißt: neuer Himmel und neue Erde, neue Gemeinschaft, Durchbruch in eine neue Dimension jenseits der Zeit. Glück, das nicht mit dem Unglück anderer bezahlt wird; Lust, die nicht Privatvergnügen oder

Gruppenprivileg bleibt, sondern alle erfasst; Jubel darüber, dass alle zu ihrem Recht kommen und Frieden finden. Und das ist die Frucht von Gottes lebendigem Wort, das beherzigt wird.

Wer keine Musik kennt, meint vielleicht, ohne sie entbehre er nichts – vielleicht! Jedenfalls, wer einmal auf den Geschmack gekommen ist, kann ohne sie nicht leben. Ostern weckt und kräftigt den Geschmack am Leben. Christinnen und Christen verachten nicht das, was ist. Allerdings lassen sie sich damit nicht abspeisen. Ihre Sehnsucht und ihre Lust am Leben greifen weit darüber hinaus, sie wittern mit allen Sinnen die Signale des ewigen Lebens. „Praeludium vitae aeternae“, so lautet eine Inschrift auf einer Orgel in Salzburg, Musik als ein Vorspiel ewigen Lebens. Niemand muss und kann alles in der zugemessenen Lebenszeit schaffen. Es gibt Momente in unserem Leben, die können nur so wahr sein, weil sie ein Präludium sind für das ewige Leben. Das ist unser christliches Alleinstellungsmerkmal. Die Melodie ist angestimmt, mitten in unserem Leben. Der Himmel ist offen über unserem Leben. Lasst uns Ostern feiern. Halleluja!

# Die Vigil neu entdecken

Überlegungen und Anregungen für die Gottesdienstkultur

*Georg Steins*

## Die vergessene Vigil

Die Liturgie der Osternacht beginnt mit einer eindrucksvollen Liturgie des Lichts und des Wortes: Der erste Teil der Feier hat die Struktur einer Vigil, einer Nachtwache. Nach dem Lichtanzünden in der dunklen Nacht und der Festansage im Exsultet geht die Gemeinde im ruhigen Dreierrhythmus von Lesung, Gesang und Gebet durch die Nacht – dem österlichen Morgen entgegen. Das ist die liturgische Idee dieser Vigil.

An die Vigil schließt sich eine Eucharistiefeier an. Vielen Liturgieverantwortlichen und auch vielen Gottesdienstteilnehmerinnen und -teilnehmern ist diese Besonderheit meistens nicht bewusst. Zwei eigentlich eigenständige Feierformen sind in dieser Nacht zusammengefasst. Die Bezeichnungen im Messbuch helfen bedauerlicherweise auch nicht weiter, den besonderen Charakter der Feier zu erfassen. Der Lesungsteil steht unter der Überschrift „Wortgottesdienst". Die Bezeichnung erweckt den Eindruck, dass in der Osternacht der bekannte erste Teil einer jeden Messfeier besonders feierlich und ausladend geraten sei. So wird unterschwellig der Eindruck verstärkt, ein Teil der Messe werde in der Osternacht „aufgebläht". Ein Bewusstsein für den Eigenwert der Vigil mag sich nicht recht einstellen.

Mit der Liturgiereform von 1970 sollten die beiden Feierformen – die Vigil und die Eucharistiefeier – miteinander verklammert werden, um den Eindruck einer einzigen Feier zu erwecken. Dazu wurde der sachgemäße Abschluss der Vigilfeier, die Tauffeier/Tauferneuerung, vom Zentrum der Vigil, den alttestamentlichen Lesungen, abgetrennt und zwischen den Wortgottesdienst der Messe und die Eucharistiefeier gelegt. Die Tauffeier ist nun ein feierliches Glaubensbekenntnis. Im Gegenzug wurde der Lesungsteil der Vigil mit dem Wortgottesdienst der Messe zusammengebunden, getrennt allein durch das Gloria und das Tagesgebet. So entstand eine große vierteilige Feier. Aber die Verbindung der beiden Feierformen forderte einen hohen Preis: Die Vigilfeier als eigene Gottesdienstform wurde eingeebnet, in die Messfeier integriert. Das gesamte Konzept der Osternachtfeier war von der Messfeier her und auf sie hin gedacht und gestaltet worden. Der besondere Charakter der Nachtwache musste dabei verloren gehen.

## Neues Bewusstsein für die Vigilfeier

In einigen Gemeinden und klösterlichen Gemeinschaften wird seit einigen Jahren der Eigenwert der Vigilfeier wieder stärker betont. Dazu wird die Tauffeier vorgezogen und nach der siebten Lesung platziert. Die Legitimation für diesen kleinen Eingriff in die Feiergestalt bietet die Liturgie selbst: Die letzte der sieben alttestamentlichen Lesungen (Ez 36) spricht von dem reinen Wasser, das über die Israeliten in der Gottferne ausgegossen wird. Der Gesang nach dieser Lesung ist der 42. Psalm, der altkirchliche Gesang der Täuflinge auf dem Weg zum Taufbrunnen: „Wie der Hirsch lechzt nach frischem Wasser …“

Seit der Lichtfeier, genauer: seit dem Exsultet steht das Thema der Taufe gleichsam im Raum. Die alttestamentlichen Lesungen entfalten die Rettung, die die Taufe bedeutet. Die Gebete nach den Lesungen feiern den Gott, der sich ein Volk aus den Todeswassern erschafft. Da liegt es nahe, diese Bewegung aufzunehmen und in die Tauffeier münden zu lassen.

Auf diese Weise wird die österliche Nachtwache als eigene Feierform mit einem eigenen wichtigen Thema neu in den Blick gerückt und vor dem Missverständnis bewahrt, nur der erste Teil einer Messfeier zu sein. Die Vigil wird aufgewertet und kann besser als das erlebt werden, was sie seit jeher ist: die eine große liturgische Nacht, in der auf der ganzen Welt Christinnen und Christen auf den Ostermorgen zugehen. Auf dem Weg durch die Nacht zum Licht hören sie von Station zu Station das Wort von Gottes Treue und Zuwendung und antworten mit Liedern des Lobes.

Keine Frage: Das alles ist auch in der gültigen Form der Osternachtliturgie vorgesehen, aber die Erfahrung zeigt, dass der Aufbau der Feier im aktuellen Messbuch die Bedeutung dieser Nachtwache nicht unterstreicht und unterstützt. Eine stärkere Akzentuierung der Vigil von der Taufe her, verbunden mit einer leichten Absetzung von der nachfolgenden Messfeier, könnte dagegen das Erlebnis der Nachtwache und die Bedeutung der Tauferneuerung verstärken. In der Taufe ereignet sich Ostern im Leben jeder und jedes Einzelnen aus der Gemeinde. Gemeinde sind wir und werden wir in dieser Nacht – als Versammlung der Getauften, derer, die durch die Fluten des Meeres geführt wurden.

Und dann hat auch die Lesung aus dem Römerbrief ihren rechten Ort: Sie deutet im Rückblick auf die Taufe, was es heißt, mit Christus gestorben und gerettet zu sein.

## Achtsamkeit für die Form

Diese leichte Korrektur der Gestaltung der Osternacht sollte nicht leichtfertig vorgenommen werden. Aus eigener Erfahrung weiß ich allerdings, dass sie gelingen kann. Ist sich die Gemeinde des Eigenwertes dieser Nachtwache bewusst, wird der Wunsch nach Kürzungen bei den Lesungen zurücktreten. Die

Suche nach Möglichkeiten, die Nachtwache sorgfältiger zu gestalten, wird angeregt. Es wird leichter fallen, allen vorgesehenen Elementen, nicht zuletzt auch den Psalmengesängen nach den Lesungen, ihren Platz zu geben.

Darin liegt eine große Chance, den in der Bibeltheologie der letzten Jahrzehnte neu erkannten Wert des Alten Testaments auch in der Liturgie zur Geltung zu bringen und dazu das Thema der Taufe, der Konversion, wieder stärker in den Blick zu nehmen. Gerade nach dem Verschwinden der Volkskirche, gerade in einer postchristlichen Gesellschaft ist die bewusste Entscheidung für den Osterglauben das große Thema der Pastoral.

Wenn die Tauffeier vorgezogen wird und gleich an die siebte Lesung, den zugehörigen Psalm und die Oration anschließt, sollte nach der Tauffeier eine kurze Stille eingelegt werden. Mit der Oration der Messfeier könnte dann dieser Teil beginnen. Ob zuvor das Gloria gesungen wird, dazu oft besonders feierlich mit dem Wiedereinsetzen der Glocken und dem Orgelspiel verbunden, ist eigens zu überlegen. In der Praxis hat sich auch an dieser Stelle eine nicht unproblematische Verlagerung der Akzente eingebürgert: Das Gloria wird gewöhnlich viel stärker betont als der eigentliche österliche Gesang, das Halleluja, das in der Osternacht mit einer eindringlichen Melodie verbunden ist und dreimal wiederholt wird.

## Vigilfeier als Chance in neuen Gemeindeformen

Die Vigilfeier der Osternacht bietet neue Chancen für das gottesdienstliche Leben in Großgemeinden und Pastoralen Räumen. Das Angebot an Osternachtfeiern in der vollen Form wird in den kommenden Jahren immer weiter zurückgehen, die Wege zu den Osternachtgottesdiensten werden länger, viele Gemeindemitglieder werden Schwierigkeiten haben, diesen besonderen Gottesdienst, den Höhepunkt des österlichen Triduums, mitfeiern zu können.

Österliche Vigilfeiern, die mit der Lichtfeier am Osterfeuer beginnen und mit der feierlichen Tauferneuerung schließen, lassen sich auch dort feiern, wo zum Beispiel aufgrund des Priestermangels keine Eucharistiefeier stattfinden kann. Was spricht gegen ein differenziertes gottesdienstliches Angebot in Pastoralen Räumen? In der Hauptkirche wird die Osternacht in gewohnter Weise gefeiert, in den Filialkirchen gibt es unter der Leitung von pastoralen Mitarbeiterinnen oder Mitarbeitern oder eigens geschulten Teams von Gottesdienstverantwortlichen am Abend oder am frühen Morgen sorgfältig gestaltete Vigilfeiern mit der Tauferneuerung. Wer es ermöglichen kann, feiert die Messe am Ostermorgen in einer anderen Kirche mit.

In den letzten Jahren sind Vorschläge entwickelt worden, die Osternachtfeiern wie zur Zeit der Alten Kirche sogar als Ganznachtfeiern zu gestalten (siehe unten „Zum Weiterlesen").

Die veränderten kirchlichen und gesellschaftlichen Bedingungen eröffnen viele Chancen, neue liturgische Formen zu erkunden. Das Verlassen der gewohnten Gleise kann liturgische Kreativität fördern, wenn es als Weg in einen neuen Morgen begriffen und zugelassen wird. Liturgie darf nicht erstarren. Es gilt, auch auf diesem Feld mutiger und offener neue Wege zu gehen – mit österlicher Kraft. Ostern ist schließlich das Fest des neuen Lebens – und des neuen Liedes!

# „Deine uralten Wunder in unseren Tagen“

## Leben aus dem Osterglauben

## Vor dem Osterfest

Eine Karsamstagsmeditation

*Georg Steins*

### Ungriffigkeit als Merkmal

Die Osterbotschaft ist eine Zumutung für den menschlichen Verstand: Sie besagt, dass die Zeit ihre Richtung ändern kann; dass das Offensichtlichste, das Vergehen aller Dinge, trügt; dass das einzig sicher Scheinende in unserem Leben, der Tod, sich unserer nicht mehr sicher sein kann. Die Osterbotschaft fordert uns auf, das Wunder – biblisch übersetzt: Gott und seine Liebe und Treue zu seiner Schöpfung – nicht aus unserer Weltsicht auszuklammern.

Wie wenig sich Ostern jedoch in unsere Welt einfügen lässt, geben bereits die neutestamentlichen Zeugnisse des Osterglaubens zu erkennen. Ihnen haftet etwas Vages, etwas Suchendes und Tastendes an. Schwierigkeiten mit der Osterbotschaft sind also nicht allein ein neuzeitliches Problem. Hat sich die Lage unter modernen Erkenntnisbedingungen verschärft? Ist diese abwägende Frage angesichts der *prinzipiellen* Fremdheit und Unableitbarkeit von Auferstehung überhaupt sinnvoll?

Ich möchte im Folgenden weder euphorisch noch apologetisch von Ostern reden. Mir geht es vielmehr darum, im Blick auf Bibel und Liturgie als zwei genuinen theologischen Orten die Nicht-Selbstverständlichkeit der Osterbotschaft zu bedenken. Man könnte das als eine Spielart negativer Theologie oder als Form reflektierter Mystik begreifen (wenn diese Begriffe nicht schon viel zu groß sind für mein bescheidenes Nachdenken), die sich dem „Un-Greifbaren", dem Un-Sagbaren nähert, indem sie auf das verweist, was sich als Nicht-Erfassbares nur von sich aus zeigen kann (vgl. Ludwig Wittgenstein).

Das dominierende Charakteristikum der neutestamentlichen Ostergeschichten ist genau dies: die Betonung einer gewissen „Ungriffigkeit", einer wörtlichen „Unfassbarkeit" des Auferstandenen, nicht nur des Phänomens „Auferstehung". Der Auferstandene ist da und doch nicht da, sichtbar und doch wieder nicht sichtbar, (an-)fassbar und sich zugleich entziehend usw. Daraus beziehen diese neutestamentlichen Ostergeschichten ihre Faszination. Dies macht sie zu einem notwendigen Pendant der zum Formelhaften neigenden Sprache etwa eines Paulus, der jedoch auch mit der „Ungriffigkeit" der Auferweckung ringt.

## Ver-Ortung von Ostern

Was hilft weiter angesichts dieser Ungriffigkeit? Im Segensgebet der Karfreitagsliturgie gibt es eine bemerkenswerte Formulierung, die als Ver-Ortung unseres Sprechens von Ostern begriffen werden kann:

> Herr, unser Gott,
> reicher Segen komme herab auf dein Volk,
> das *den Tod* deines Sohnes gefeiert hat
> und *die Auferstehung* erwartet.

Nicht zufällig klingt in dieser Formel die bekannte Akklamation aus jeder Messe an, die das „Geheimnis des Glaubens" bündig ausdrückt:

Deinen *Tod*, o Herr, verkünden wir,
und deine *Auferstehung* preisen wir,
bis du kommst in Herrlichkeit.

*Zwischen* Todesgedächtnis und Auferstehungserwartung ist also von Ostern zu reden. Der Ort der Erkenntnis und der Artikulation der Osterbotschaft ist ein Zwischenzustand: „Nicht dass ich es schon ..." (Phil 3,12–13). Auferstehung versetzt das Leben in einen Erwartungszustand. Das ist etwas anderes als Wunschdenken oder Projektion, wenn denn diesem Reden die Aufrichtigkeit und der Ernst des Todesgedächtnisses anhaften.

Biblisch bewegen wir uns damit im Kontext der Klage, die nicht beliebige Wünsche formuliert, sondern handfesten Protest, Notschrei „in extremis" und „de profundis". Klage ist nicht nur Schrei, Klage ist An-Schrei. Das macht ihr Eigentliches und ihre Schärfe aus: Sie richtet sich an Gott und zielt auf ein definitives In-die-Pflicht-Nehmen des Schöpfers (vgl. Hebr 5,7). Die Osterbotschaft – im Modus der Klage artikuliert – ist somit keine Beschwichtigung. Das liefe nur auf den inakzeptablen Dreisatz „Er ist auferstanden! – Alles wird gut! – Nun hab dich nicht so!" hinaus. So einfach geht es nicht und darf es nicht gehen, soll Gott Gott bleiben und der Mensch nicht überrollt werden.

## Sehnsucht und Suche

In der Feier der Liturgie findet der Klagemodus eine Gestalt: Die Osterfeier schiebt den Karfreitag – und den Karsamstag! – nicht beiseite. Der große österliche Dreitag (Triduum paschale, der lateinische Name, ist ein Singular) setzt eine Ganzheitsschau an die Stelle einer naheliegenden evolutionistischen Sicht auf das Geheimnis des Lebens und Glaubens. In postmodernen Kategorien ausgedrückt geht es um die Inszenierung von unüberholbarer Perspektivenvielfalt, um Brechung und Diskontinuität, um die Gestaltwerdung des Suchens und Sehnens. In der Sicht der Tradition sind das Weisen der Annäherung an das

Über-Positive, Transzendente, Unfassliche. Die Osterfeier erhebt sich gleichsam aus der Nacht heraus und hält diese doch auch eigentümlich fest: Jede der drei Evangelienperikopen in der Ostervigil endet mit dem Hinweis auf „Furcht“, „Entsetzen“ und „Verwunderung“, die die Jüngerinnen und Jünger befällt. So schnell stellt sich also die Freude nicht ein, kommt es nicht zu einem „Stimmungsumschwung“, wie es in der Forschung zu den biblischen Klagepsalmen heißt.

Vor die Osterfeier stellt das Triduum die Kontemplation von Kreuz und Grab. Am Karfreitag richtet die Kirche das Kreuz auf, in der Passionsgeschichte und in dem schlichten Gestus der Kreuzverehrung, der uns, die Feiernden, nicht nur hörend, sondern auch „motorisch“ einbezieht: „Ecce lignum crucis!“ – „Schau hin! Sieh auf das Kreuz!“ Der Hinweis auf das schlichte Holz scheint die Alltagsnähe dieses Vorgangs noch einmal besonders unterstreichen zu wollen. Zudem zeigt sich hier ein tiefer Respekt vor dem Leiden, indem jedes „Sich-Hineinwerfen“ in die Wunden und den Schmerz des anderen, dieser Verlust von Dezenz, vermieden wird. Das Drama unschuldigen Leidens kann nur in Achtung angeschaut werden. Diese Gabe widersetzt sich der „Aneignung“. Die Schau wahrt die Integrität des anderen. Dringliche, drängende Klage und ehrfurchtsvolles Aufschauen zum Gekreuzigten verbinden sich.

Es ist nichts mehr zu tun! Auf den Karfreitag folgt das „Anhalten“ jeden Kultes am Karsamstag, ein großes „Innehalten“, ein christlicher „großer Sabbat“: „Und Gott vollendete sein Werk, das er gemacht hatte im Tun“ (Gen 2). Unter dem Aspekt der Klage ist der Karsamstag durch liturgische Selbstminderungsriten gekennzeichnet, wie sie zu dieser Gebetsform gehören. Sie unterstreichen die menschliche Schwäche und geben dem Verlangen nach dem Tätigwerden des Schöpfers, „des Königs aller Welt“, Ausdruck. Klage ist Protest und Rück-Frage an Gott. Die Wozu-Frage, die Sinnfrage des am Kreuz Gestorbenen hallt nach. Es muss Zeit bleiben, dass „die Vielen“ darin ihre Frage und ihre Gottferne erkennen (vgl. Jes 53). Da darf auch liturgisch nichts ablenken, nichts gedeutet und stimmig gemacht werden. Der Karsamstag ist der Tag der „Aus-Setzung". Ich höre da durchaus die katholische Sonderbedeutung dieses Wortes mit, das in den Kontext der eucharistischen Anbetung gehört: die Betrachtung des „Denkmals seiner Liebe", des „Gedächtnisses seiner Wunder" (Ps 111,4). Das sind nicht nur Brot und Wein, das ist das Kreuz.

Der Karsamstag ist die „leere" Mitte zwischen dem Schrei des Gekreuzigten und dem Jubel des Hallelujas. Leer ist sie nach unseren Maßstäben; wir haben sie nicht zu füllen. Oder ist es besser, statt von „Mitte" von „Tiefe" zu sprechen? Der Karsamstag lädt ein, die Abgründigkeit der Gottesfrage auszuhalten, solidarisch mit denen zu werden, die ihn ganz aus dem Blick verloren haben. Und der Karsamstag lässt Raum, auszuloten, was „große Liebe" (Joh 15,13) vermag. Wer weiß das schon im Voraus?

„Es war *vor* dem Osterfest" (Joh 13,1): *vor* Ostern! Da stehen *wir*. Den Klageschrei des Gekreuzigten vernehmend – in der Hoffnung und im Glauben, dass die Liebe und Treue Gottes, nur sie, die Schöpfung endgültig ins Gute zu wenden vermag (vgl. Gen 1,31).

# Die zwei unterwegs

## Abraham, Isaak und die Emmausjünger

*Georg Steins*

Die Erzählung Lk 24 über die zwei Jünger auf dem Weg von Jerusalem nach Emmaus (und zurück!) ist für mich – neben der Szene im Johannesevangelium mit dem kurzen unvergleichlichen Wortwechsel zwischen „Maria“ und „ihrem Meister“ (Joh 20) – die schönste Ostergeschichte der Evangelien. Wenn ich mich frage, warum das so ist, fällt mir die Lebensnähe, die Er-Lebensnähe dieser Geschichte ein. Es ist alles so, wie wir es kennen: der Wechsel der Stimmungen, das Gehen, das Stehenbleiben und das Reden, das Einkehren und auch das Hören auf die Schrift und das gemeinsame Mahl.

Der Ostermontag und diese Geschichte sind bei mir – wie auch im liturgischen Gedächtnis der Kirche – untrennbar verbunden. Solche festen Verknüpfungen sind hilfreich. Sie geben uns durch die regelmäßige jährliche Wiederholung die Möglichkeit, uns immer tiefer in die Liturgie hineinnehmen zu lassen, die so zu einer Art „spirituellem Mantel“ wird. Sie können aber andererseits auch dazu führen, in eine Art „schlafwandlerischen Zustand“ zu geraten und im Vertrauten das Herausfordernde zu übersehen. Im Umgang mit der Bibel hilft es mir da immer, den Texten in einer weniger vertrauten Übersetzung noch einmal Schritt für Schritt nachzugehen, ja sie mit Entdeckerwillen neu „durchzubuchstabieren“.

## Gotteskrise

Lukas erzählt uns im letzten Kapitel seines Evangeliums eine Weggeschichte: Der Weg geht von Jerusalem nach Emmaus, dem Ziel- und dem Wendepunkt, und zurück nach Jerusalem. Unterwegs sehen wir zwei Jünger Jesu – einer hat einen Namen, der andere bleibt namenlos. Mit dem zweiten Jünger kann im übertragenen Sinn wohl jede und jeder gemeint sein. Wir sind so also schon mit eingeschlossen.

Das Gespräch mit dem hinzukommenden Dritten macht deutlich, dass beide Jünger in der tiefsten Krise ihres Lebens stecken. Es ist keine der üblichen Enttäuschungen. Diese Krise ist eine Glaubenskrise, ja schärfer noch: eine Gotteskrise. Für die Jünger ist die Erwartung auf Erlösung, auf Rettung – durch Gott – enttäuscht worden. Die Verheißung des Mose und der Propheten – dahin! Wertlos! Widerlegt! Erledigt! Mit dem Tod Jesu haben sie nicht nur ihren Meister verloren. Sie haben Gott verloren!

Der Gang nach Emmaus – aus der Heiligen Stadt in ein Dorf – ist kein „Nachmittagsspaziergang", sondern der Weg der verabschiedeten Hoffnung.

Mit dem Hinzutreten Jesu wird für uns deutlich, dass noch nicht alles vorbei ist. Die zwei Jünger in der Geschichte haben dieses Wissen noch nicht. Von diesem Punkt an nehmen wir als Hörer also eine Doppelrolle ein. Wir gehen mit den beiden, und zugleich betrachten wir die beiden wie auf einer Bühne. Wie gelangen die zwei Jünger zu dem Wissen, das wir jetzt schon haben? Oder ein wenig anders gefasst: Wie kommen das „Glaubenswissen" (eigentlich ein merkwürdiges Wort) und das so oft vom Verlust der Verheißungen beschwerte Leben zusammen? Oder noch einmal anders: Was nützt denn die Theologie von der Gegenwart des Auferstandenen, wenn die alltägliche Nähe des Umgangs mit „dem Meister" verloren gegangen ist?

## Beziehungsqualität

An diesem Punkt hilft keine Theorie mehr. Jetzt hilft nur noch der Verweis auf die Beziehungsqualität. Sie ist der Ursprung dessen, was theologisch etwas nüchtern und vielleicht abgegriffen „Sakrament" genannt wird: die gestiftete Beziehungswirklichkeit, in der wir sind und leben können und die wir nicht mit unseren eigenen Mitteln machen.

An zwei kleinen Marken des Textes – sie sind leicht zu übersehen – drückt sich das Vermissen der Jünger aus. Es sind auch die Punkte, an die der unerkannte Begleiter der beiden Jünger anknüpft.

Der erste Punkt: In der Übersetzung des Neuen Testaments von Fridolin Stier heißt es nicht einfach in neutraler Beschreibung: „Heute ist schon der dritte Tag." Stier hebt vielmehr heraus, dass Jesus das Subjekt der Zeitangabe ist. Bei ihm heißt es wörtlich: „Er, Jesus, lässt nun schon den dritten Tag hingehen." Das erinnert an Jesus, der schläft, während das Boot der Jünger untergeht: „Warum tust du nichts?" Und jeder weiß aus der Schrift, was das bedeutet, wenn am dritten Tage nichts passiert. Sind die zwei Jünger nicht auch deshalb aus Jerusalem fortgegangen? Und der zweite Punkt: Am Grab Jesu gab es einige Aufregung. Jesu Jüngerinnen und Jünger sind irritiert. Sein Leichnam ist nicht zu finden.

Es ist dieses doppelte „Nicht" – es ist doch der dritte Tag, und wieder passiert nichts; *und* von Jesus keine Spur –, das der unerkannte Begleiter aufnimmt und im Horizont der Beziehungswirklichkeit der Schriften Israels deutet. Hinterher müssen die Jünger gestehen, dass ihnen das Herz brannte, weil er ihnen erschloss, was doch schon längst gesagt war.

## Tischsitte

Aber offensichtlich reicht das noch nicht, um wirklich zu verstehen und um die neue Nähe Jesu wahrzunehmen. Es fehlt die ganz persönliche „Note", die erst die Augen öffnet und sehen lehrt. Ein kleines, gewöhnliches Zeichen ist dann die „Gedächtnisspur" Jesu: sein Lobpreisen und Brotbrechen. Jetzt fügt sich plötzlich alles zusammen. Jetzt ist die Lücke geschlossen. Jetzt ist Jesus auch für die beiden Jünger in der Erzählung da.

Und so ist er dann auch für uns da, denn wir gehen ja den Weg der beiden mit. Der Auferstandene ist „für uns" da in den Schriften Israels und in seiner „Tischsitte". So und nur so kann aus dem Wissen Erfahrung werden: Beziehungswirklichkeit, freundschaftliche Nähe, tröstende Gegenwart. Das ist der Weg: vom Wissen – über das Eingeständnis des Verlustes und des schmerzlichen Vermissens – zur Erfahrung. Wissen ohne Erfahrung macht zwar klüger, aber es rettet nicht aus der Gottverlorenheit. Das erfahren nicht nur diese beiden auf ihrem Weg.

## Gottessicht

Es gibt für mich noch eine andere Ostergeschichte, die mir in ihrer theologischen Tiefe und Hintergründigkeit sehr wichtig geworden ist. Es ist die zweite, seltener vorgetragene Lesung der Osternacht aus dem 22. Kapitel des Buches Genesis. Sie erzählt bezeichnenderweise auch eine Weggeschichte. Sie beschreibt die Erfahrung dessen, der lange vor den Emmausjüngern seinen schweren Gang tat – einen Drei-Tage-Weg nach Jerusalem, „in terram visionis" („in das Land des Sehens"), wie Hieronymus in der lateinischen Bibelübersetzung, der Vulgata, den geheimnisvollen Ort umschreibt, zu dem Abraham und Isaak – diese zwei – unterwegs sind. Schon einmal, ganz am Anfang der Geschichte Gottes mit seinem Volk also, ging einer hin, sehen zu lernen – und zu lernen, dass die Gotteskrise, der Verlust Gottes, zum Ort des Sehens Gottes werden kann.

Beide Geschichten – die von Abraham, Isaak und dem Boten Gottes aus der Osternachtfeier und die der Jünger mit dem Auferstandenen auf dem Weg nach Emmaus vom Ostermontag – gehören zusammen. Sie bilden fast so etwas wie eine biblischliturgische Klammer um den Ostersonntag, an dem es im Evangelium wie beiläufig von dem einen Jünger heißt: „Er *sah* und glaubte“ (Joh 20,8). Sie erzählen von Wegen, die damals wie heute zu gehen sind. Sie erzählen, was Gott getan hat und tut und „*wie* er ihnen – und uns! – kenntlich wird“: Auf den Wegen von und nach Jerusalem geschieht österliches Sehen.

# Liturgie und Diakonie

## Impulse aus der Feier des Ostertriduums

*Marianne Heimbach-Steins / Georg Steins*

„Im Zentrum des Gottesdienstes steht nicht unsere Aktivität, sondern Gottes befreiende Tat, die in und durch Jesus Christus gegenwärtig wird" (Würzburger Synode, Beschluss Gottesdienst). Nirgendwo wird dies deutlicher als in der liturgischen Feier der drei österlichen Tage. Die Feier des „Gastmahls seiner Liebe" (Tagesgebet zur Abendmahlsmesse), die Erinnerung des Leidens und Sterbens Jesu in der Feier des Karfreitags und schließlich die feierliche Erinnerung des Befreiungshandelns Gottes von der Schöpfung bis zur Auferweckung seines Sohnes in der Vigilfeier der Osternacht – diese große dreigliedrige Feier des Ostergeheimnisses verweist die Christinnen und Christen auf Gottes befreiende Tat, die in und durch Jesus Christus gegenwärtig wird. Die Kirche feiert sie als Ermächtigung zu einem Leben aus der Kraft Gottes, zur Weitergabe der empfangenen Gnade, des empfangenen Lebens.

So gesehen ist das österliche Triduum die Quelle der Einheit von Liturgie und Diakonie.

## Der Zusammenhang von Liturgie und Diakonie

„Die Christen können nicht das Brot am Tisch des Herrn teilen, ohne auch das tägliche Brot zu teilen" (Sozialwort 1997). Das

Teilen des Brotes am Tisch des Herrn ist die Mitte des christlichen Lebens. Von Jesus Christus und in seinem Namen lassen sich Christinnen und Christen versammeln und zur Mitfeier des Herrenmahles einladen: „Nehmt und esst." In dieser Feier erfahren sie sich als Schwestern und Brüder Jesu Christi. Er teilt sein Leben mit; und in der Teilhabe am Leben des Herrn vollzieht sich das Leben der Christinnen und Christen. In der Feier der Liturgie begegnen die Mitfeiernden je neu der Botschaft, die ihr Leben, ihr Handeln, ihr Sein mit und für andere orientieren kann und soll. Die Versammlung um den Tisch des Wortes in jeder Liturgiefeier wie die Versammlung zum eucharistischen Mahl bilden so die zentrale Quelle der Ausrichtung christlicher Praxis.

Dementsprechend betont die römische Bischofssynode von 1971 die Bedeutung der Liturgie als Quelle der Erziehung zur Gerechtigkeit: „Die Liturgie, die das Herz der Kirche ist …, kann viel beitragen zur Erziehung zur Gerechtigkeit. Ist sie doch die Danksagung an den Vater in Christus, zeigt in ihrem Gemeinschaftscharakter unsere brüderliche Verbundenheit und erinnert uns immer wieder daran, was der Auftrag der Kirche ist. Wortgottesdienst, Katechese und Feier der Sakramente führen uns immer wieder zurück zur Lehre der Propheten, Jesu Christi und der Apostel über die Gerechtigkeit. Die Taufvorbereitung macht den Anfang mit der christlichen Gewissensbildung. Die Bußpraxis soll die soziale Dimension der Sünde und des Sakramentes vor Augen stellen. Die Eucharistie endlich stiftet Gemeinschaft und entsendet sie zum Dienst an den Menschen."

So wie die Liturgie für Christinnen und Christen Quelle diakonischen Handelns ist, so braucht diese ihrerseits aber auch den lebendigen Zusammenhang mit diakonischer Erfahrung und Praxis. Der Zusammenhang muss wechselseitig sein: „Die Feier der Liturgie verfällt rasch zu einem vordergründigen und oberflächlichen Tun, wenn sie nicht praktische Konsequenzen für das Leben der Christen hat. Die Liturgie muss in Texten, Zeichen und Riten hinführen zur Diakonia, soll das Gefeierte Konsequenzen im alltäglichen Leben haben. Nur eine Liturgie, die zu Handeln und Lebenspraxis hinführt, entgeht ... der Gefahr der Weltferne und Vertröstung. Zum anderen verliert auch das soziale Handeln der Christen bald sein eigenes Gesicht, wird es nicht immer neu durch die Liturgie mit den Wurzeln des Glaubens verbunden. Die christliche Diakonia braucht in all ihren institutionalisierten und nicht institutionalisierten Formen die Rückbindung an die Feier des Glaubens, will sie ihr christliches Proprium bewahren und auch zur Geltung bringen können" (Benedikt Kranemann).

Dieses „Proprium", das Eigentliche christlicher Diakonie, kann in der so dichten Liturgie der Kar- und Ostertage erfahren werden.

## Gottes rettende Gerechtigkeit

Die Feier der drei österlichen Tage nimmt uns, die Feiernden, hinein in Gottes Handeln zur Rettung der Verlorenen. Wie jeder Gottesdienst verweist diese Feier nicht nur auf etwas, das außerhalb ihrer selbst liegt. Sie eröffnet vielmehr selbst schon den Raum der Erfahrung der Güte Gottes. Das ist gemeint, wenn in diesem Zusammenhang von „Sakrament" gesprochen wird. Der Raum, in den die Feiernden eintreten, ist vieldimensional: Er erfasst in gewisser Weise die gesamte Schöpfung – und auch das, was sich von Gott abgekehrt hat und deshalb verloren zu gehen droht.

Die Textebene dieses liturgischen Raumes – nur um sie soll es im Folgenden gehen – wird in der Feier des österlichen Triduums gewoben durch Gesänge, Gebete, „Sondertexte" wie das Exsultet, das Taufwasserweihegebet u. a. und natürlich die Schrifttexte.

Das dichte Gewebe dieser Fäden lässt sich hier nicht annähernd darstellen. Selbst das Leitmotiv der Diakonie, auf das sich die Aufmerksamkeit konzentrieren soll, ist nicht vollständig zu beschreiben. Es muss bei ausgewählten Aspekten des Themas bleiben, die sich um die zitierte Perspektive aus dem Dokument der römischen Bischofssynode von 1971 gruppieren: die „Erziehung zur Gerechtigkeit".

Im biblischen Zusammenhang ist Gerechtigkeit nicht zuerst ein rechtlicher Begriff. Gerechtigkeit wird auch nicht, wie das Stichwort der „Erziehung" nahelegen könnte, ethisch verstanden. Vielmehr ist „Gerechtigkeit" ein elementar theologischer Begriff – vielleicht sogar der zentrale Begriff für die große Bewegung der Rettung, welche die Bibel von der ersten bis zur letzten Seite beschreibt. Den elementaren Charakter der „Gerechtigkeit" für die biblische Gottesrede zu erfassen, fällt bisweilen schwer, weil Gerechtigkeit in der Regel nicht in diesem umfassenden theologischen Sinn wahrgenommen wird. Ein großer Teil der so oft erfahrenen und beklagten Welt- und Lebensferne christlichen Glaubens resultiert wohl aus dem Verlust dieses elementaren Zusammenhangs.

Martin Buber findet eine treffende Veranschaulichung für den grundlegenden Charakter von „Gerechtigkeit" im biblischen Denken. Buber schreibt: „Es geht um eine Nachahmung Gottes, und zwar um der menschlichen Auswirkung seines Wirkens willen. Die Gerechtigkeit strömt vom Himmel nieder und will nun auf Erden, durch das Medium des Erdenmenschen, des Erdenvolks, fortströmen wie die Wasser, zwar in all den Brechungen und Spaltungen, die sie durch das Endliche, das Unzulängliche erfährt, dennoch unversieglich, wie eine urständige Bachflut. Das Menschenvolk aber versagt sich dem Gottesstrom, sie weigern sich, ihn ins Leben einrieseln zu lassen, so dass die Wasser sich stauen, bis sie zerstörend niederstürzen und die Gerechtigkeit zum Gericht wird."

Die österlichen Tage feiern Gottes schöpferische Macht in der ersten Schöpfung und in seiner Neuschöpfung. Dies ist gewissermaßen der große Deuterahmen der gesamten Liturgie.

Seine besondere bibel- und liturgietheologische Einfärbung erhält dieser Rahmen aber durch das Stichwort der „Gerechtigkeit Gottes": *Gott und der Erweis seiner Gerechtigkeit, das ist der Glutkern der gesamten Schrift.* Von hier bezieht alles Feuer in den Worten seine Kraft, hierher rühren der Schmerz und die Freude, von denen so viele Stimmen in der Bibel zu singen und zu erzählen und die sie zu proklamieren wissen.

## „Wir aber soll'n uns rühmen im Kreuz des Herren ..."

Die Ouvertüre des österlichen Dreitags beginnt mit einem Paukenschlag. Leider darf dieser kaum erklingen, weil dieser Eröffnungsgesang der Messe vom Letzten Abendmahl vielerorts durch ein Lied ersetzt wird.

So geht ein Text verloren, der das Triduum überwölbt und zu einer Einheit zusammenbindet und der den Sinn der Feier in dichter Form beschreibt: unsere „Ganzwerdung", unser Leben und unsere Auferstehung. Der Introitus der Gründonnerstagsmesse lautet in seiner vollen Form:

> Wir rühmen uns des Kreuzes unseres Herrn Jesus Christus.
> In ihm ist uns Heil geworden und Auferstehung und Leben.
> Durch ihn sind wir erlöst und befreit.

Das Geschehen der Neuschöpfung, das die drei Worte „Heil – Auferstehung – Leben" beschreiben, ist das Ziel eines „auslösenden und befreienden", also eines „politischen" Handelns Gottes und so Ausdruck der göttlichen Gerechtigkeit. Wie sehr diese Gerechtigkeit unter den Bedingungen der Welt fraglich und fragil ist, wird mit dem Hinweis auf das Kreuz angedeutet. Der Introitus spricht „uns", die Liturgiefeiernden, an und fordert uns zum Dienst des Rühmens der Taten Gottes in Christus auf.

Welche Fülle an Perspektiven verschränkt sich in diesem gemeinhin so wenig beachteten Eröffnungsgesang! Es fehlen Vertonungen des Introitus, die auch für die Gemeinde geeignet sind; hier wäre dringend Abhilfe nötig.

Das gesamte Triduum lässt sich – etwas überspitzt gesagt – als Auslegung und Bewahrheitung dieses einen Satzes lesen und feiern. Der Introitus umreißt auf der Textebene den Deutehorizont des Triduum, und schon deshalb lohnt es sich, bei diesem etwas zu verweilen: Es geht um die Rettung unseres Lebens im göttlichen Selbsteinsatz.

## „Wo die Güte und die Liebe ..."

Zur Feier der *Abendmahlsmesse* gehört ein weiterer Gesang, der in der liturgischen Praxis an verschiedenen Stellen vorgetragen werden kann. Diese Variabilität in der Platzierung zeigt, dass hier der Tenor der Feier genau erfasst ist: Das „Ubi caritas et amor, Deus ibi est" / „Wo die Güte und die Liebe, da ist Gott" kann einerseits als Explikation des „neuen Gebotes" (vgl. Joh 13,34) die *Fußwaschung* begleiten. Es hat auch einen sinnvollen Platz bei der *Gabenbereitung*, insofern es die Selbstübergabe der Feiernden in die Liebe Christi hinein widerspiegelt. Ebenso sinnvoll ist es als Ausdruck der lebensprägenden Veränderung durch die Begegnung mit dem Herrn in der *Kommunion*.

Thema des „Ubi caritas" ist die „Verortung" der Gegenwart Gottes in der Gemeinschaft der Menschen, die des unbegreiflichen Geschenks der Liebe Christi ansichtig geworden sind. Interessant ist jedoch, wie diese Verortung geschieht: Die Gegenwart Christi wird nicht distanziert betrachtet oder „erbaulich" genossen, sondern durch und durch praktisch und sozial, man könnte auch hier wieder sagen: „politisch" bestimmt, denn es geht um ein zentrales politisches Problem, die Überwindung der Gewalt. Diese erfolgt durch die Neubestimmung der Mitte. Alles in dieser Gemeinschaft ist ausgerichtet auf den ohnmächtigen, schwachen und leidenden Herrn:

> Es fliehe der Streit, böser Hader entweiche;
> in unserer Mitte wohne der Herr.

Diese „politische" Liebe greift um sich und verwandelt auch das Außen der Gesellschaft, den „Feind". Der Gesang pflegt keine abstrakte Rhetorik der Hingabe, die leicht zu allen möglichen politischen Zwecken missbraucht werden könnte und am Ende nichts Neues entstehen lässt, sondern das Alte befestigt. Die hier gemeinte Liebe zielt auf präzise Bestimmungen einer veränderten gesellschaftlichen Ordnung. Der ethische Imperativ ist Ausfluss einer bereits geschehenen Veränderung in der Gemeinde der Menschen, die an der Liebe Christi teilhaben durften. Nur so wird die Gefahr von Überforderung und Verlust des Selbst in der „frommen" Hingabe abgewehrt.

Nichts hindert die Feiernden, im „Feind" dieses Liedes auch den „Tod" als die größte Bedrohung des menschlichen Zusammenlebens zu sehen: der Tod nicht nur als Ende und als (oft so brutal erlebter) Verlust, sondern als tiefster Grund der Lebensangst, die Menschen in Ichsucht, Habgier und Machtwahn treibt. So gelesen *ist das „Ubi caritas" bereits das Osterlied der Befreiten und Geretteten.*

An den verschiedenen Knotenpunkten scheint auf, wie sehr die einzelnen Etappen der Feier von Gründonnerstag bis Ostern eine Einheit bilden: den einen österlichen Dreitag.

## Das „Mitleiden des Hohepriesters"

Die Feier vom Leiden und Sterben Christi am Karfreitag wird vor allem durch die großen Texte der Passionserzählung und der Fürbitten geprägt, dazu durch den schlichten Gestus der Verehrung des Kreuzes. Andere Texte bleiben etwas im Schatten, aber auch sie können ins Zentrum führen und die spirituelle Tiefe der Feier eröffnen. Mit einer kleinen Wendung aus der zweiten Lesung (Hebr 4,14–16; 5,7–9) wird die Feier vom Leiden und Sterben Christi als Feier vom Mitleiden Christi ausgedeutet:

> Wir haben ja nicht einen Hohepriester,
> der nicht mitfühlen könnte mit unseren Schwächen,
> sondern *einen, der in allem wie wir*
> versucht worden ist, aber nicht gesündigt hat.
> (Hebr 4,15)

In wörtlicher Übersetzung ist von der „Sympathie", dem „Mit-Leiden" Jesu „mit unseren Schwachheiten" die Rede. Der zweite Teil der Lesung beschreibt das Leiden Christi so eindringlich, wie es sich millionenfach wiederholt hat und immer noch wiederholt: das laute Schreien, die Tränen, das Ringen und Flehen – alle elementaren Äußerungen der Not und Angst kommen zur Sprache. Er, der Sohn, der den Weg durch die Schwachheit vollends durchschritten hat, kann zum Weggefährten auf dem Weg durch finstere Schluchten und das Todesschattental (vgl. Ps 23) werden.

*Die leidvolle Seite von Gottes Schöpfungsarbeit wird am Karfreitag thematisiert.* Es gibt keine Gerechtigkeit ohne das Durcharbeiten des Widerständigen, Gott-Fremden und Gott-Feindlichen – im Leben der Einzelnen wie in sozialen Zusammenhängen. Das ist die Mystagogie des Karfreitags. Die Gerechtigkeit, man könnte auch sagen: Heiligkeit Gottes ist – von uns aus gesehen – immer das zutiefst und zuinnerst unter Tränen, Schmerz und Klagen Verwandelte.

## „Dies ist die Nacht!"

Im *Exsultet* der Ostervigil wird das Thema der rettenden Gerechtigkeit vielfach aufgenommen. Die im Exsultet besungenen Rettungsgeschichten, die sich in der Rettung des Einen aus dem Tode verdichten, werden in die Gegenwart der feiernden Gemeinde hineingestellt: „Dies ist die Nacht!" Im Exsultet findet der Zusammenhang von Gottes schöpferischem Tun und der Feier der Glaubenden seinen dichtesten sprachlichen Ausdruck. Es zeigt damit auch eine Gestalt, die über die aktuelle Zeit der Liturgiefeier hinaus die Feiernden bestimmen kann und will.

Rettung ist kein Ereignis der Vergangenheit, sonst könnte sie uns nicht wirklich im Innersten betreffen. *Rettung – das ist die Lebensgestalt der Glaubenden.* Der diakonische Charakter liegt auf der Hand. Glaubende nehmen die Welt aus dieser Perspektive wahr. Diese steht unter dem Signum des „Dies ist die Nacht!".

Von den vielen dichterisch ansprechenden Gestaltungen dieses komplexen Zusammenhangs, dem sich das Exsultet in immer neuen Anläufen zuwendet, greifen wir nur eine heraus. Sie verdient auch deshalb Beachtung, weil sie in der offiziellen deutschen Übersetzung – aus welchen Gründen auch immer – nicht aufgenommen worden ist. Die Reihe der „Dies ist die Nacht!"-Proklamationen wird unterbrochen durch fünf O-Rufe. Der erste, der nicht übersetzte Ruf, lautet:

> O wie du dich über uns neigst
> in staunenswertem Erbarmen!

Der Ruf reagiert auf den Erweis der göttlichen „pietas" und nimmt damit das Gotteshandeln als Liebe, Anhänglichkeit, Solidarität, Gerechtigkeit und Mitleid in den Blick. All diese „Beziehungstermini" klingen auch in dem biblischer Sprache entlehnten „Erbarmen" mit. Mit „pietas" ist jenes Neue umschrieben, das Gott in seinem Tun an Jesus Christus der Welt einstiftet – zur Überwindung ihrer Todverfallenheit. Mit „pietas", die in der Antike auch die Gerechtigkeit der Götter bezeichnen kann, ist eine rettende „Beziehungsqualität" Gottes umschrieben. Sie ist jenes Moment, das ihn antreibt, die dem Tode verfallene Welt zu retten.

Die „pietas" der Gemeinde nimmt dies auf, und zwar nicht nur in der Hinwendung zu Gott. Sie vollzieht vielmehr die „Staunen erregende Zuneigung" Gottes zu den im Exsultet mehrfach benannten Gefesselten und Schuldigen, die auf ihre Auslösung warten, nach. Das Doppelgebot der Liebe findet hier seinen Einheitspunkt, denn es geht nicht um eine Addition der Liebe zu Gott und der Liebe zu den Menschen (und zu sich selbst). Die Bewegung der Liebe ist eine einzige, sie nimmt die Liebe Gottes zum Verlorenen auf und ist darin auf beide gerichtet – auf Gott und die Menschen.

Es gibt das weit verbreitete Missverständnis, den Reigen der sieben alttestamentlichen Lesungen als bloße Vorbereitung und Hinführung zum Evangelium zu interpretieren. *Aber der auf der ersten Seite der Bibel beginnende Gang durch Gottes Geschichte mit der*

*Welt und den Menschen ist im Horizont der Lichtfeier und des Exsultet eine groß angelegte intertextuelle Auslegung der Auferstehungsbotschaft:* „Christus ist glorreich erstanden vom Tod. Sein Licht vertreibe das Dunkel der Herzen." Mit diesen Worten wird der erste Teil der Lichtfeier am Feuer beendet. Alles Weitere ist eine Ausfaltung dieser Osterbotschaft. So lässt sich bereits die erste Lesung als Osterbotschaft lesen: Gottes Licht gegen das tödliche Chaos. Und das Evangelium am Ende des langen Weges durch die Heilige Schrift erschließt sich seinerseits als (Neu-)Schöpfungsgeschichte.

## Das „neue Herz"

Die letzte alttestamentliche Lesung spitzt die Osterbotschaft auf den Menschen hin zu, nimmt damit die Lesung aus dem Römerbrief – „Wandelt in der Neuheit des Lebens" (Röm 6,4, wörtlich) – vorweg und präludiert die Tauffeier, also den dritten Hauptteil der Osternachtliturgie. In der Lesung aus Ez 36 wird die endzeitliche Erneuerung des Gottesvolkes als erneute Sammlung und Heimführung beschrieben, wobei diese allerdings das Frühere überbietet. In einer Doppelaussage ist von der Neuschöpfung Israels die Rede: Gott gibt ihm ein neues Herz, einen neuen Geist. Bildhaft: Das Herz aus Stein wird ersetzt durch ein lebendiges Herz aus Fleisch. Anders: Gott gibt seinen Geist in das Innere der Israeliten. „Herz" und „Geist" erklären sich gegenseitig. Der Geist ist wie das Herz das Willens- und Aktionszentrum des Menschen. Die dichte bildhafte Form drückt aus, dass Gott seinem Volk so nahe kommt und es in seinem Innersten so umwandelt, dass er selbst zu seiner alles bestimmenden Mitte wird. Dann ist es auch keine Frage mehr, dass Israel den Heiligungswillen Gottes verstehen und leben kann.

## „Halleluja“

Die gesamte Osternachtfeier lässt sich in diesem einen, immer in der Ursprache beibehaltenen Lobruf zusammenfassen: Hallelu-Jah! Seine Stellung erhellt sich nicht zuletzt aus der Melodik, in der dieser Ruf in der Osternacht zum ersten Mal erklingt. Die Melodie des dreifach gesteigerten Rufes vor dem Evangelium ist unter den gregorianischen Choralgesängen einmalig. So ist dieser Gesang der Höhepunkt unter den Gesängen der Osternacht, der das analogielos Neue auch auf der Ebene der Musik einholt und in diese eingehen lässt. *Das Gotteslob ist „intensivster Lebensvollzug“* (Erich Zenger). Der Lobruf der Gemeinde ist ein dichter Ausdruck des neuen Status: Wer so singen kann, ist bereits vom Tod zum Leben hinübergegangen (vgl. 1 Joh 3,14). „Loben ist die dem Menschen eigentümlichste Form des Existierens. Loben und nicht mehr loben stehen einander gegenüber wie Leben und Tod“ (Gerhard von Rad). Im Lobruf des Hallelu-Jah wird Gottes rettende Gerechtigkeit als Grund und Ziel aller Wirklichkeit proklamiert.

## Erneuerung aus den Quellen

Die Texte und Gesänge der Liturgie des österlichen Dreitags bieten – das hat der Blick auf einige markante Beispiele gezeigt – eine Fülle von Anknüpfungspunkten, in denen der grundlegende Zusammenhang von Liturgie und Diakonie nicht erst nachträglich hergestellt werden muss, sondern im feiernden Vollzug selbst konkret wird. Ein Leitmotiv, das uns zur „Entdeckung“ dieser Signale hingeführt hat, ist die göttliche Gerechtigkeit.

Im Folgenden sollen die freigelegten Motive und Ansatzpunkte noch einmal aufgenommen werden. *Unter welchen Bedingungen wird die Liturgie zu einem diakonischen Ort?*

## Alltagstransparenz

Kehren wir zunächst zum Ausgangspunkt, zur liturgischen Eröffnung der dreitägigen Feier, zurück. Der Introitus des Gründonnerstags ist die Aufforderung zum Lobpreis des Kreuzes als Quelle von „Heil, Leben und Auferstehung". Die zentrale Stellung des Motivs „Leben" im Horizont von „Heil" und „Auferstehung" ruft den spannungsvollen Zusammenhang von „diesseitigem" Leben in seiner Fragilität und Verletzlichkeit einerseits, seiner Sehnsucht nach Heil und nach Ganzsein andererseits wach.

Die Botschaft von „Heil und Auferstehung" kann aber nur dort als wahr ankommen, wo Spuren des Heils und der Auferstehung konkret erfahrbar werden – und nicht der Verweis auf „dermaleinst" zur wohlfeilen Vertröstung verkommt. „Leben" – das konkrete, abgründige, banal oder großartig erscheinende, schön oder hässlich daherkommende, gelingende oder scheiternde –, die Vielfalt menschlichen Lebens muss in der Liturgie widerklingen und Raum haben. Hier liegt eine bleibende Anfrage an den Alltagsbezug der Liturgie – nicht nur der österlichen, sondern jeder liturgischen Feier. *Erstes Kriterium diakonischer Liturgie muss ihre Transparenz auf die Alltagserfahrung der Feiernden hin sein.*

## Transzendierung des Alltäglichen

Noch ein zweiter Gesichtspunkt erschließt sich aus dem Introitus des Gründonnerstags. Der Zusammenhang von Leben, Heil und Auferstehung erschöpft sich nicht darin, das alltägliche Leben in den Raum der Feier hineinzuholen. In einer diakonischen Liturgie erfährt das Alltagsleben zugleich eine Transzendierung, es wird auf Neues hin geöffnet. Die Vergegenwärtigung göttlicher Gerechtigkeit im oben erschlossenen Sinn unterbricht die Alltagserfahrung. Sie gibt Raum für die Kritik des Vorfindlichen und für die Entdeckung neuer Möglichkeiten des je eigenen und des gesellschaftlichen Lebens. *Ein zweites Kriterium diakonischer Liturgie ist daher die Unterbrechung und Transzendierung des Alltäglichen.*

## Gerechtigkeit als Teilhabe

Im Gesang „Ubi caritas et amor“ erschließt sich die Möglichkeit göttlich gestifteter neuer Beziehungen: Barrieren zwischen Menschen aufgrund von Machtstrukturen, Gewalt und Fremdheit werden eingerissen. Die Gewaltförmigkeit im Umgang muss einer neuen Gestalt von Gemeinschaft weichen, die sich in Christus bzw. um Christus als Mitte („in seinem Namen“) konstituiert. Auch im Exsultet kommt die neue Qualität der Beziehungen zur Sprache. Dies leuchtet beispielhaft am Motiv der „pietas“ Gottes auf, die zum Vorbild der feiernden Gemeinde wird. Es geht um eine neue Art von Beziehung sowohl zwischen Gott und Mensch wie auch zwischen den Menschen, die aus der Erfahrung der Rettung, der Befreiung und der Neukonstituierung des Lebensgrundes trotz Schuldgeschichte und Todesverfallenheit erwächst.

Das Teilen des Brotes als Teilen der Leben spendenden und Leben erhaltenden Kraft Gottes ist der dichteste symbolische Ausdruck dieser neuen Beziehungsqualität, welche die feiernde Gemeinde als soziale Einheit prägen soll. Deshalb ist der Vollzug dieser Symbolhandlung der bleibende Auftrag der Kirche als Gemeinschaft derer, die um den Tisch des Herrn versammelt sind. Springender Punkt bei diesem Auftrag ist nun, dass die Versammlung um den Tisch des Herrn keine geschlossene Gesellschaft ist.

Sie ist vielmehr allen zugewandt, die das Brot des Lebens suchen – und hat ihnen allen von diesem Brot mitzuteilen. Darin muss sich die Erfahrung der Gerechtigkeit Gottes, wie sie sich in der liturgischen Dichte des Triduum paschale erschließt, fortzeugen. Deshalb können die Christen das Brot am Tisch des Herrn nicht teilen, ohne auch das tägliche Brot zu teilen. Ebendieses Teilen des täglichen Brotes, der realen Lebensmöglichkeiten für die Vielen, wird zum Prüfstein für die Wahrhaftigkeit der eucharistischen Tischgemeinschaft. *Ein drittes Kriterium diakonischer Liturgie betrifft also den partizipativen Charakter der Feier.*

## Leidempfindlichkeit

Die Liturgie des österlichen Dreitags, insbesondere des Karfreitags, vergegenwärtigt den solidarisch mitleidenden Christus – den Hohepriester des Hebräerbriefs – und stellt ihn ins Zentrum der Verkündigung. Die Liturgie eröffnet darin einen Raum für das verdrängte Leiden. Sie kann zum Ort des Widerstands gegen die medial zwar vervielfältigte, aber zugleich in rasanter Beschleunigung dramatisch verkürzte Wahrnehmung menschlicher Wirklichkeit werden, der in erster Linie die konkrete Realität des Leidens zum Opfer fällt.

Die Klage, die in den biblischen Traditionen so häufig und vielschichtig laut werden darf, ist ein Stachel. Sie kann helfen, die auch in der üblichen liturgischen Praxis weithin an den Rand geratenen Leid-Dimensionen menschlichen Lebens wiederzugewinnen. Solidarität mit den Leidenden beginnt mit dem Zulassen der Leiderfahrung. Die Liturgie kann und muss vor dem Erfahrungshintergrund gesellschaftlicher Verdrängung des Leidens zur Schule des Sehens und des Hörens, des Schweigens und des Sprechens im Angesicht des Leidens werden. *Das vierte Kriterium diakonischer Liturgie heißt folglich Leidempfindlichkeit.*

## Konversion

Das Motiv vom „neuen Herz und Geist“, mit dem die Lesung aus dem Propheten Ezechiel die grundlegende Umgestaltung des Gottesvolkes metaphorisiert, verweist auf eine Erfahrungslücke. Diese ist für die allermeisten Christinnen und Christen im westeuropäischen Kontext kennzeichnend: der Ausfall der Konversionserfahrung. Ein Kernelement christlichen Glaubens, die Lebenswahl des Glaubens, ist damit für sehr viele Glaubende nicht oder nur über erhebliche Umwege zugänglich.

Ein möglicher Zugang zur Ostererfahrung auf dem individuellen Glaubensweg entfällt dort, wo die Eingliederung in die Glaubensgemeinschaft nicht als bewusster Übertritt aus der „Genossenschaft“ des Todes in die Gesellschaft des neuen Lebens gestaltet und gefeiert wird. Die Liturgie der Osternacht erschließt in der Tauferneuerung diese Grunddimension des Christseins. Die Frage, die von der Ezechiel-Lesung her aufbricht, richtet sich aber an jede Liturgie: Gibt sie Anlass, Raum und Hilfe zur Unterscheidung der Geister? Lädt sie ein, das Lebensangebot Gottes in der Erneuerung der je eigenen Glaubensentscheidung (Konversion) bewusst anzunehmen? *Das fünfte Kriterium diakonischer Liturgie heißt demnach Konversionsbewusstsein.*

## Lebensfreude

Die selbstverständliche Zusammengehörigkeit von Osterliturgie und „Halleluja“ verweist auf den Ursprung und das Ziel aller liturgischen Feier und aller christlichen Praxis. Im *Osterjubel* bricht sich die Wirklichkeit der Verheißung des Lebens Bahn. Er ist Ausdruck bereits geschehener Erlösung und Befreiung. Wenn es zu den Kennzeichen diakonischer Liturgie gehört, dass sie dem konkreten Leben in seiner Schönheit wie in seiner Erbärmlichkeit Raum gibt, dann gehört die Lebensfreude zu den Kriterien einer solchen Liturgie. Es ist kein Widerspruch, beides in der Liturgie zusammenzuführen, wenn denn die Erfahrungen des Lebens so vielfältig und widersprüchlich sind. Es ist freilich eine Aufgabe sorgfältiger Unterscheidung und geistlicher Diskretion, das eine mit dem anderen zu vermitteln bzw. beides unverkürzt zur Geltung zu bringen – und sich damit von einer Haltung abzusetzen, die „alles nicht so schlimm findet“ und deren Kehrseite es ist, auch keine wirkliche, unverfälschte

Freude empfinden zu können. *Das sechste Kriterium diakonischer Liturgie heißt deshalb Lebensfreude und Lebensfreundlichkeit.*

Die Liturgie der heiligen drei Tage bildet zweifellos den dichtesten liturgischen Zusammenhang des Kirchenjahres. Sie gibt Raum zur Einübung all jener Haltungen und Gestaltungen, die Christinnen und Christen in einem lebendigen Gottesverhältnis übernehmen und derer sie zugleich zum diakonischen Handeln bedürfen: Bitte und Flehen, Anbetung und Einwilligung in den Willen Gottes, Hören und Schweigen, Klage und Anklage, Trauer und Verzweiflung, Hoffnung, Dank und klingender Jubel.

# Nicht zuletzt: Ein Wort wie Brot

Auch in postchristlichen Zeiten, in Zeiten kirchlicher Depression und gesellschaftlicher Desorientierung, nein, gerade in solchen Zeiten brauchen wir – ob Christinnen und Christen, ob suchende Glaubende oder Glaubensfrohe, ob Ferne oder Nahe – diese ebenso unwahrscheinlichen wie unglaublichen Ostergeschichten. Die Osterfeier hilft uns, nicht zu vergessen, wovon wir leben.

Carolin Emcke erinnerte daran 2011 in der Osterausgabe der Wochenzeitung Die Zeit:

„In diesen Tagen erinnern jüdische und christliche Gläubige an zwei Erzählungen, die ihnen jeweils den Triumph des Unwahrscheinlichen über das Wahrscheinliche bedeuten.

An Pessach feiern Juden den Auszug des jüdischen Volks aus Ägypten und damit die angekündigte Befreiung aus Sklaverei und Knechtschaft, an Ostern feiern Christen die Auferstehung Jesu Christi und damit die versprochene Vergebung ihrer Sünden.

Es mögen für Atheisten unglaubwürdige Geschichten sein, aber selbst ihres metaphysischen Gehalts beraubt, selbst wenn sie nicht wahr sein sollten, so bleiben sie Geschichten, die uns etwas Unverzichtbares erzählen. Sie erzählen von Unrecht und Leid, von Lüge und Verrat, von Plagen und Zerstörung und von denen, die sie erdulden, denen, die sich treu bleiben, denen, die verschont werden.

Es sind Geschichten, an die Jahr für Jahr in Familien und Gemeinden erinnert wird, die dort nachgelebt werden, weil mit diesem Ritual auch der Glaube an die Hoffnung weitergereicht wird von Generation zu Generation, wie ein Laib Brot, von dem sich jeder ein Stück bricht, Hoffnung auf Befreiung oder auf Erlösung.

So schreiben sie sich ein, die Geschichten, in das innere Repertoire, aus dem sich schöpfen lässt in finsteren Zeiten.

Was das mit heute zu tun hat? Warum das im nachmetaphysischen Zeitalter relevant sein sollte? Weil diese Geschichten daran erinnern, dass wir, individuell oder kollektiv, immer nur mit einem utopischen Vorgriff leben können, dass wir auf einen Horizont hin ausgerichtet sein müssen, der das überschreitet, was ist.

Es braucht den Glauben an das globale Wir, auch wenn es erst im Entstehen begriffen ist. Es braucht den Glauben an das Unglaubliche, das Trotzdem, das sich in einer trostlosen Gegenwart den Widerständen der herrschenden Ideologien widersetzt, es braucht die Hoffnung auf das, was der Philosoph Ernst Bloch das ‚Noch-Nicht' nennt – sonst ist Veränderung nicht möglich. Sonst lässt sich aber auch die Gegenwart auf Dauer kaum aushalten. …

Wer sich nur an dem ausrichtet, was ist, kann Unfreiheit und Knechtschaft nicht überwinden oder die Wirklichkeit nicht überschreiten."

# Zum Weiterlesen

H. Auf der Maur, Feiern im Rhythmus der Zeit I. Herrenfeste in Woche und Jahr (Handbuch der Liturgiewissenschaft 5), Regensburg 1983.

H. Auf der Maur, Die Osterfeier der Alten Kirche, Münster 2003.

E. Ballhorn / G. Steins / R. Wildgruber / U. Zwingenberger (Hg.), 73 Ouvertüren. Die Buchanfänge der Bibel und ihre Botschaft, Gütersloh 2018.

H. U. von Balthasar, Theologie der Drei Tage, Einsiedeln 1991.

K.-H. Bieritz, Das Kirchenjahr. Feste, Gedenk- und Feiertage in Geschichte und Gegenwart, München 2005.

G. Braulik / N. Lohfink, Osternacht und Altes Testament. Studien und Vorschläge (Österreichische Biblische Studien 22), Frankfurt 2003. [Studien zu den liturgischen Texten der Osternacht und Überlegungen zu einer Ganznachtvigil]

B. Leven / M. Stuflesser, Ostern feiern. Zwischen normativem Anspruch und lokaler Praxis, Regensburg 2013. [Theologische Auswertung der gelebten Praxis der Gemeinden]

R. Meßner, Einführung in die Liturgiewissenschaft, Paderborn ²2009, 302–365.

Welt und Umwelt der Bibel, Nr. 40: Ostern und Pessach. Feste der Befreiung, Katholisches Bibelwerk Stuttgart 2006.

J. Wohlmuth, Jesu Weg, unser Weg. Kleine mystagogische Christologie, Würzburg 1992.

www.lectiodivina.de [Seite des Katholischen Bibelwerks mit Hinweisen zur geistlichen Schriftlesung, u. a. auf das Leseprojekt „Wasser – Licht – Leben. Die Lesungen der Osternacht"]

# Autorin und Autoren

**Egbert Ballhorn**, Prof. Dr. theol., lehrt Exegese des Alten Testaments an der TU Dortmund.

**Heinz-Günter Bongartz** ist Weihbischof im Bistum Hildesheim und Domdechant.

**Paul Deselaers**, Dr. theol., ist Spiritual (Priesterseelsorger) in Münster.

**Theodor Hausmann OSB** ist Abt in St. Stephan in Augsburg und Vorsitzender der Salzburger Äbtekonferenz.

**Marianne Heimbach-Steins**, Prof. Dr. theol., ist Direktorin des Instituts für Christliche Sozialwissenschaften an der Universität Münster.

**Albert Schmidt OSB**, Dr. theol., ist Abtpräses der Beuroner Kongregation.

**Georg Steins**, Prof. Dr. theol., lehrt Exegese des Alten Testaments an der Universität Osnabrück.

**Klemens Teichert**, Lic. theol., ist Verantwortlicher im Bereich Spiritualität in der Ausbildung pastoraler Berufe im Bistum Hildesheim.

## Zu dieser Ausgabe

Der vorliegende Band ist eine vollständig überarbeitete und in Teilen völlig veränderte Neuausgabe des 2010 im Verlag Friedrich Pustet erschienenen Buches „Licht – Wasser – Leben. Die biblischen Lesungen in der Osternacht". Die überaus positive Aufnahme dieses Buches hat uns zu diesem Schritt ermutigt. Der Mitautorin und den Mitautoren danken wir für die Überlassung ihrer Texte, Frau Mag. theol. Elisabeth Uebber für die Hilfe bei der Korrektur, Herrn Willibald Butz und dem Verlag Friedrich Pustet für die gute Zusammenarbeit.

*Georg Steins*
*Egbert Ballhorn*